죽고 싶다가도 다시 살고 싶어지는

ENFP 우울증 치료 도전기

죽고 싶다가도 다시 살고 싶어지는

ENFP 우울증 치료 도전기

변지혜 지음

뱅크북

프롤로그

처음 병원을 찾았던 날, 저는 문 앞에서 한참을 서성였습니다. 이 문을 열면 제가 약한 사람이라는 낙인이 찍힐까 봐, 제대로 살아가지 못했다는 판정을 받게 될까 봐 두려웠습니다. 하지만 그보다 더 무서웠던 건, 아무것도 하지 않으면 정말 무너질 것 같다는 예감이었습니다. 그렇게 조심스레 문을 열고 들어간 순간부터, 제 안의 아주 작고 연약한 목소리가 들리기 시작했습니다.

"살고 싶다. 다시 살고 싶다."

이 책은 그 작은 목소리를 붙잡고 다시 살아내고자 했던 약 3년간의 기록입니다. 우울이라는 어두운 터널 안에서, 저는 수없이 넘어지고, 울고, 멈춰 섰습니다. 그리고 아주 미세한 움직임으로 다시 한 걸음 내디디며 살아보려 애썼습니다. 그 발자국들이 쌓여, 오늘의 저를 이루었습니다.

우울증이라는 말은 너무도 흔하지만, 실제로 겪는 사람에게는 그 무게가 감당할 수 없을 만큼 큽니다. 이 책은 그 무게에 짓눌려 바닥에 엎드려 있던 한 사람이, 아주 조금씩 몸을 일으켜 세우고, 다시 일상을 살아내려 애쓰는 과정을 담고자 했습니다. 글쓰기, 운동, 명상, 때로는 아무것도 하지 않기로 한 선택까지도 모두 회복의 일부였습니다.

제가 한 일이라곤, 그저 매일의 감정을 기록하는 일이었습니다. 어떤 날은 펜 끝에 눈물이 번졌고, 어떤 날은 몇 줄조차 쓰지 못한 채 공허한 마음으로 페이지를 덮었습니다. 하지만 그럼에도 불구하고, 기록은 계속되었습니다. 그렇게 쌓여간 문장들은 스스로를 향한 응원이자, 저 자신에게 보내는 작은 위로였습니다.

이 글에는 특별한 이론도, 정답도 없습니다. 단지 매일의 작은 변화, 감정의 미세한 흔들림, '나는 괜찮지 않다'는 고백, 그리고 '그래도 괜찮다'는 수용이 담겨 있습니다. 우울이라는 안개 속에서 방향을 잃고 서 있을 때, 저는 자주 글을 썼습니다. 그 문장들은 어쩌면 독백이었고, 때로는 구조 요청이었습니다. 그리고 이제는, 누군가에게 닿기를 바라는 조용한 인사가 되었습니다.

누군가는 말합니다. "시간이 약이다"라고. 하지만 저는, 시간이 약이 아니라, 그 시간 동안 무엇을 하느냐가 약이 된다고 믿습니다. 저는 그 시간을 글쓰기로 견뎠고, 가끔은 말없이 걷는 산책으로, 때로는 뜨거운 눈물 한 바가지로 이겨냈습니다. 이 책은 그 시간의 궤적이자, 그 안에서 일어난 조용한 회복의 서사입니다.

이 책을 통해, 누군가의 마음에도 한 줌의 온기가 전해지기를 바랍니다. 완벽하지 않아도 괜찮다고, 다시 시작해도 된다고, 그 말이 필요했던 분들에게 이 글이 닿기를 소망합니다.

우리는 모두, 제각기 다른 속도로 살아갑니다. 어떤 날은 나아가고, 어떤 날은 머무르며, 어떤 날은 다시 뒷걸음질 치기도 합니다. 그 모든 걸 포함해도, 우리는 여전히 살아 있습니다.

이 이야기는 완치의 기록이 아닙니다. '살고 싶어서 써 내려간 마음'의 기록입니다. 그리고 그 마음이 당신에게도 닿기를 바랍니다.

조용히, 그러나 분명히. 다시 살아가겠다는 다짐으로 이 책을 엽니다.

죽고 싶다가도 다시 살고 싶어지는

목 차

01_우울증이라고요?

1. 죽고 싶다 / 11
2. 결전의 날 / 14
3. 죽지도 못했는데, 그가 왔다 / 18
4. 우울증 판정 / 22
5. 자연스럽게 / 25
6. 조금씩 내 보석을 찾아 모아 나가자 / 28
7. 괜찮은 줄 알았는데 / 33
8. 얼굴 / 36
9. 죽고 싶으니까 달리는 거야 / 39

02_나를 위한 작은 용기

1. 눈이 번쩍 뜨이는 수업 / 45
2. 귀신이 무섭니, 도깨비가 무섭니? / 48
3. 꿈 / 52
4. 사르르 녹여주는 말 / 56

5. 당신에게도 기적이? / 59
6. 잃어버린 희망을 찾아서 / 62
7. 삶이 너무 허망해요 / 65
8. 내 장점 도대체 뭐냐고 / 68
9. 베란다 아닌 정문으로 나가기 / 70
10. 우울함이 최고조 / 74

03_내가 되고 싶은 것

1. 새해를 맞이하는 자세 / 79
2. 미친 여자가 되고 싶다 / 84
3. 도파민이 넘칠 땐 카톡방도 넘치지 / 88
4. 잠들어 버렸다 / 94
5. 아이러니한 다이어리 / 97
6. 이런 날도 있는 거지 / 101
7. 정신, 똑띠 체리라 / 105
8. 좋은 멍 VS 나쁜 멍 / 109
9. 텐션 떨어진 날 / 112
10. 11층에서 낙하하면 / 115
11. 역도와 인생의 공통점 / 118

04_내 인생 불청객

1. 꽃 피는 계절, 나는 입원했다 / 125
2. 전지적 수술환자 시점 / 128
3. 난소가 하나 뿐이란다 / 132
4. 아프니까 결혼은 어렵겠지? / 136
5. 내 몸에 대한 숙고 / 140

05_우울함을 깨기 위한 노력

1. 무기력감을 극복해 내는 무기 / 147
2. 한계는 내가 설정한다 / 151
3. 안녕하니…? / 154
4. 나에게 소확행이란 / 159
5. 발레가 좋아진다 / 162
6. 시작한 지 6개월 만에 도전! / 165
7. 확률게임 / 168
8. 비전공자 발레 콩쿠르 1 / 173
9. 비전공자 발레 콩쿠르 2 / 178
10. 학창 시절에는 받지 못했던 상 / 185
11. 어서 와, 토슈즈는 처음이지? / 188
12. 30대 첫 바디 프로필 / 191

06_온전히 받아들이기

1. 삶 자체가 기적이다 / 199
2. 결핍은 곧 욕망 / 203
3. 4계절 내내 오싹한 이야기 / 206
4. 하루 시작 전, 매일 적는 그것 / 211
5. 나는 대견한 사람 / 214
6. 자기 전, 나를 돌보는 방법 / 216
7. 결국, 중요한 건 OOO / 219
8. 있는 그대로를 받아들이기로 했다 / 223

에필로그 / 227

01

우울증이라고요?

'죽을거니까...'
이 한 마디에 머릿속으로 그동안 나에게 잘 해주었던 사람들이
한 사람씩 머릿속에서 스쳐 지나간다.

1

죽고 싶다

    회사 일로 자존감이 많이 무너진 하루. 그나마 단단했던 마음 근력들이 햇빛을 강하게 받은 아이스크림처럼 무참히 녹아 버렸다. 물처럼 변해버린 마음 근력들이 눈에서 폭포처럼 흘러내리는 그런 날들이 아무 의미 없이 지나가고 있었다. 다시 재빠르게 두 손으로 잡아보려고 해도 무참히 손가락 사이로 흘러버리는 물을 어찌할 방법이 없었다. 징검다리로 쉬는 날을 결전의 날로 정했다. 죽는 날로.

    그래서 그런지 결전의 날의 하루 전. 회사에서 사사건건 내가 잘 못해서 혼이 나도, 그들의 실수가 발견되어서 그냥 넘어가 버렸을 때도 나에 대한 자책, 그들에 대한 화, 원망의 감정들이 무덤덤해졌다. '어차피 내일 난 죽을 거니까.'라는 이 한마디에 그냥 다 지나갈 수 있었다. 그러나 마음은 무덤덤했지만, 잿빛 가득한 얼굴로 눈물은 내 의지와는 상관없이 엄청나게 흐르고 있었다.

'죽을 거니까….'

이 한 마디에 머릿속으로 그동안 나에게 잘 해주었던 사람들이 한 사람씩 머릿속에서 스쳐 지나간다. 특히 볼꼴, 못 볼 꼴을 다 본 남자친구의 얼굴이 흐릿하게나마 머릿속에 그려지자마자 눈물이 주르륵 흘러나왔다. 동시에 내일 어떻게 죽을지 온갖 아이디어들을 막연하게 떠올렸다. 주변을 돌아보니 높은 빌딩들이 눈에 띈다. 어느 빌딩이 제일 높은지 키재기 하듯, 어디에서 뛰어내리면 괜찮을지 쇼핑하듯 둘러보게 된다. 그리곤 그 옥상을 내가 갈 수 있을지. 떨어져도 한 번에 죽어야 하는데, 어느 곳이 제일 최적의 장소일지 막연한 그런 생각들 말이다.

'아…. 아니다. 집에 있는 완강기를 이용할까?'

집에 있는 완강기를 가지고 매달릴지. 아니면 집에 있는 식칼로 그어 버릴지. 여러 가지 방법들이 고민되었다. 그만큼 살아야 할 이유를 찾지 못했다. 맞다. 나는 정말로 이기적인 사람이다. 주변 사람들이 어떻게 생각하든 일단 여기 지옥을 탈출하고 싶었다. 시한부의 삶 같은 건 하고 싶지 않았다. 빨리 죽기만을 바라는 삶을 간신히 이어 가고 있는 걸 끝내버리고 싶었다.

"다음에 출근해서 숫자 맞춰주세요."

"네…."

분명 모니터 앞에 앉아있고, 상사분이 옆에서 말하는데, 내 머릿속에는 '옥상. 완강기. 칼.' 세 가지 단어들이 맴돌았다. 분명 내 입에서는 '네'라는 소리가 허공에 울려 퍼졌지만, 의미 없는 소음에 불과했다.

절실하게 틀리고 싶지 않았다. 분명 그 당시에는 맞았다. 윗사람의 결재를 거쳐서 지나갔다. 그러나 왜 3개월 뒤, 한참 뒤에서야 그게 다르다는 것으로 나타나는 것인가. 도저히 이해가 가지 않았다. 도대체 몇 번을 고치는 거냐고 화를 내는 사람 앞에서의 내 존재감은 무참히 모래처럼 가루가 되어버렸다. 내가 하는 모든 일은 다 틀리게 되니까. 나 자신조차도 신뢰가 가지 않았다. 앞으로도 무슨 일을 하든 다 틀릴 것 같았다. 나 자신, 타인 모두 신뢰가 없어져 버릴 것이라는 확신이 계속 확고해져만 갔다. 그래서 더욱 '나는 안 돼. 나는 무엇을 하든 못하는 사람이야.', '지금 이렇게 잘 지나갔다고 해도, 나중에는 숫자 만지는 사람이 숫자 틀리면 어떻게 하냐'는 대사로, 도대체 이렇게 계속 틀리는 게 이해가 안 간다는 반복적인 대사들로 무너지겠지. 호기심과 열정 가득 도전했던 독서 모임, 일본어 공부, 신문모임, 글쓰기, 챗GPT 수업, 인스타 챌린지. 이 모든 개인적 프로젝트 도전이 '나는 안 될 거야'라는 한마디로 무너져 갔다. 자신감이 없었다. 이걸 해 봤자…. 뭔가 아웃풋을 내는 건 아니었으니까. 그리고 지금 당장 그런 것들을 활용해서 돈을 벌 수 있는 것도 아니니까.

    집에 가는 길. 땅바닥을 보다가 든 고개. 하늘에 어스름한 빨간 물감 누가 뿌려놨다. 새빨갛게 피처럼 물든 저녁노을이 나의 마음을 흔든다.

2

결전의 날

　어두컴컴한 방안. 한 개의 불만 켜도, 그것마저도 너무 밝아서 바로 꺼 버렸다. 휴대폰은 침대로부터 멀리 던져 버렸다. 누가 전화가 오든, 카톡이 오든 상관없이. 그러고는 씻지도 않은 채, 회사 출근했던 옷을 그대로 침대에 털썩 누워 버렸다.
　'흠….'
　회사에서 계속 죽을 생각만 했던 나. 화장을 지우는 것도. 옷을 갈아입는 모든 행동이 무의미해 보였다. 그 순간 모든 의식은 어떻게 죽을지에 대한 계획을 머릿속으로 펼치는 데만 집중했다. 그러다가 나도 모르게 눈물이 났다. 눈물을 닦고 멍하게 생각을 이어갔다.
　'아…. 그래. 유서.'
　생각의 흐름대로 떠오른 단어. 유서. 카톡방 어느 독서 모임에서 유서를 쓰는 시간을 가졌다는 소식을 얼핏 본 게 기억이 났다. 나도 유서를 쓰고, 죽어야만 할 것 같았다. 내 메시지를 남기고 죽어야 왜 죽었는지 남은 사람들이 알 테니까. 책상 앞에 앉아 새하얀 노트를 꺼내고, 볼펜 하나 쥐어 잡고, 유서를 쓰기 시작했다. 저녁을 먹지 않아도, 슬픔으로 너무 과식해서 배가 고프지 않았다. 신기했다. 유서를 쓰면서 울기 바빴다. 내가 죽으면 얼마 안 되는 주식 통장의 돈과 남자친구가 나에게 돈을 맡겨 내 명의로 통장 적금을 들었던 것이 기억났다. 이 적금 통장을 해지해서, 반드시 남자친구에게 모든 돈을 줘야 한다는 유서를 단단히 써놓은 것이 제일 중요했다. 죽는 와중에도 돈 관계를 확실히 하고 싶었나 보다. 죽는 순간에 제일 먼저 떠오르는 건 그가 나를 믿었기에 맡긴 돈을 꼭 돌려주고 싶다는 마음이 제일 먼저 떠올랐고, 제일 컸다. 그리곤 고마웠던 사람들, 옷깃을 스쳐 지나갔던 인연들에 대한 감사함을 하나씩 써 내려갈 때마다, 휴지도 한 장씩 코끝을 스쳐 지나갔다.

'그래…. 이제 실천을 해야지.'

쓰다 보니, 엄청난 집중으로 3시간 동안 손으로 유서를 열심히 썼다. 힘들어서 침대로 누웠다. 자정이 되기 전에 실천해야 했다. 멀리 던져둔 휴대폰을 다시 집어 들었다. 어쩌면 누군가가 나에게 연락했을지도 모른다는 헛된 상상 때문에. 그러나 웬일인지, 그도 연락이 없다. 아무도 연락 안 하는 이때가 제일 좋은 타이밍처럼 보였다. 새벽에 죽고, 아침에 발견되면 그야말로 좋은 타이밍. 죽기 적절한 옥상을 찾지 못했고, 그냥 집으로 와버렸기에 집에서 해결하기로 계획을 바꿔보았다.

'그래…. 완강기. 칼.'

2가지가 눈에 띄었다. 완강기로 목을 매달지. 아니면 집에 있는 식칼로 내 몸을 어디로 한 번에 그어야 단번에 죽을 수 있을지 고민이 되었다. 들은 게 많아서 칼을 심장을 찌른다고 들이댔다가 단단한 갈비뼈가 보호하고 있으므로, 내가 찌르는 충격으로는 부서져서 심장을 관통할지 의문 들었다. 그렇다고 해서 가슴 밑으로 해서 사선 방향으로 찌르는 것도 실패할 것 같았다. 그렇다고 손목을 긋는다고 해서, 피가 콸콸 나오지 못하고, 흉터만 남는 게 아닐까 하는 고민이 꼬리에 꼬리를 물고 이어졌다.

'배는 어떨까.'

복부를 찌른다면 많이 깊숙이 찔러야 하는데 배만 찌른다고 해서, 바로 죽게 될까? 라는 의심이 들었다. 목도 옆에 잡아주는 근육들이 많아서, 큰 혈관을 베는 건 맥을 짚어 한 번에 해내야 성공할 수 있을 것 같았다. 이런저런 고민 하면서, 일단 무딘 칼부터 뾰족하게 만들어야겠다는 생각이 번쩍 들었다.

'슥슥슥'

마침 집에 칼 가는 도구가 있었다. 무딘 식칼을 최대한 많이 갈았다. 옆에 꽂힌 과도도 눈에 띄었다. 구매 후, 많이 안 써서 이미 뾰족하지만, 더 뾰족하게 해서 한방에 목을 벨 수 있는 도구로 이용되지 않을까 하는 생각에 과도도 열심히 갈았다.

'두근두근두근'

칼을 갈고 나서도 어느 부위를 할지 정말 고민이 되었다. 손을 심장에 갖다댔다. 두근두근두근 거리는 맥박을 느끼며, 딱딱한 가슴뼈들을 느꼈다. 심장을 보호하기 위한 방패들이 강력해서 뚫기가 쉽지 않아 보였다. 그렇다면 타겟은 목으로 해야겠다. 대부분 사람이 목의 맥을 잡기 위해서 흉쇄유돌근 쪽으로 손가락을 갖다 대는 것을 기억이 났다. 손가락을 목 옆에 대보았다. 뭔가 두근거리는 진동이 조금 느껴졌지만, 공부를 너무 안 하고, 시도하는 느낌이어서, 이내 곧 실천하지 못했다.

곧장 휴대전화를 집어들었다. 구글에 자살하는 법을 쳤다. 다른 사람들에게 도움을 청하라는 사이트. 다른 사람들이 이렇게 힘들다는 하소연의 글. 말로 도움을 줄 수 있는 정신과 상담사 같은 사람들이 댓글을 열심히 적은 사이트들이 즐비했다. 너무 단순하게 검색했다는 느낌이 들어, 이번에는 목 근육, 혈관의 구조 신체 구조도에 대해서 검색했다. 인체는 참으로 신비하고도 단단하다는 걸 느꼈다. 역시 내가 생각했던 대로였다. 중요한 신체 부위들을 보호하기 위해서, 그 주변에 둘러싸고 있는 근육들이 엄청 많았다. 내가 그걸 잘 뚫을 수 있을지. 또한, 의문이 되었다.

칼은 주방에 갈아놨는데, 몸은 침대에서 떨어질 줄 모르고, 눈은 휴대전화로 갔다가 천장으로 왔다 갔다 했다. 잡생각이 너무 많았다. 단순하게 죽고 싶었지만, 단순하게 죽기에 실패할 것 같았다. 정확하고 깔끔하게 죽는 방법을 선택하고 싶었다. 더욱 신중에 신중을 더한다고 머리만 굴리다가, 그대로 침대에서 눈을 감아 버렸다.

그렇게 바로 하늘나라로 가면 좋으려만, 잤다 깼다를 반복했다. 새벽 2시에 나도 모르게 떠지는 눈. 그리고 시야에 들어오는 완강기. '그래…. 완강기는 밖으로 나가는 거니까 탈출할 수 있는 저 창문 밖으로 뛰어내리면 되지 않을까?' 눈에 보이는 그 완강기와 창문 쪽으로 다가갔다.

3

죽지도 못했는데, 그가 왔다

　새벽 2시, 완강기로 다가가 창문을 열었다. 버튼으로 열리는 식이었고, 체인이 걸려있었다. 확 열리지 않아서 너무 아쉬웠다. 열심히 몸을 구겨서 밖으로 떨어지기에는 무리였다. 그렇다면 완강기에 목을 매달아서, 죽는 수밖에 없을까.
　'하….'
　한숨만 쉬다가 일단 일보 후퇴를 외치고, 침대로 다시 누웠다. 머리도 안 감고, 얼굴도 안 씻었는데, 어느새 화장기를 사라져 버린 상태. 어제 출근 복장인 하늘색 블라우스에 아이보리 긴 치마의 차림새로 이불을 포근하게 덮고 싶지 않았다. 이불 속 대신 겉을 택했다. 펼쳐진 이불을 조금 구겨 내 몸을 반만 덮으며 눈을 감았다.
　'이러다가 아침이 되면, 어쩌지. 일단 눈을 감고 생각하다가 다시 눈 뜨면 그때 시도하는 거로 하자.'

그렇게 죽음으로 가고 싶은 마음을 지닌 채 눈을 감았다. 눈만 감으면 바로 의식을 잃어버리고 싶었는데, 그건 역시 헛된 바람일 뿐이었다. 눈만 감는다고 해서, 영원하게 의식을 잃는 일은 벌어지지 않았다. 오히려 의식이 또렷해졌다. 아침 8시. 벌써 해가 많이 떠서 어두컴컴했던 집 안도 밝아졌다. 한방에 칼로 죽지 못할 거면, 여러 번 그어서 죽는 방법을 택할까. 목이 뭔가 제일 아플 거 같으니까. 배를 찌르고, 목을 찌를까. 목을 찌르고, 바로 손목 발목을 그어 버릴까. 어떻게 하면, 효율적으로 순서대로 그을지를 참으로 고민이 되었다.

온몸이 피로 물든 나를, 누군가가 발견하게 된다면 어떤 생각을 할까. 여기저기 빨간 물감처럼 번져 있는 침대 위에 누워 있는 내 모습을 본다면, 그게 얼마나 처참해 보일지 상상해본다. 그런 생각에 잠겨 있을 때, 어디선가 '삐삐삑' 하고 경고음이 들려왔다.

'옆집 문 여는 소리가 엄청 크게 들리네. 뭐지.'

내 망상에 너무 젖어있었던 걸까. 9평 남짓한 원룸에서 들리는 소리도 알아채지 못했다. 그러다가 갑자기 뭔가 검은 커다란 인기척을 느꼈다.

'…'

이불로 얼굴을 다 덮어 씌었다. 눈을 감은 채, 인기척 소리에 집중했다. 갑자기 조용해졌다. 아무런 움직임의 소리도 느껴지지 않았다. 정적은 3분 정도 지나간 듯한 느낌이었다. 오히려 방문한 이보다 내가 더 궁금해서, 뭐 하는지 슬쩍 이불 속에서 눈을 빼꼼히 꺼내어 바라보았다.

그 인기척의 사람은 역시, 남자친구였다. 그는 문 열자마자 부엌에 놓인 큰 식칼, 작은 과도. 10알 이상 모아둔 정신과 수면 약을 유심히 보고 있었다. 그는 뭘 생각하고 있었을까. 상상력을 평소에도 자주 펼치는 그는 내가 무슨 생각을 하고 있었는지 그 짧은 순간에 수많은 최악의 상황들을 100가지 이상 펼쳤을까.

'뭐야…. 왜 왔어.'

아침부터 아무런 대화조차도 하지 않았고, 어젯밤 많이 힘들어하던 카톡 메시지에 걱정되어서, 달려왔던 그였다. 나는 오히려 걱정하는 그에게 더 퉁명스럽게 대했다. 나도 모르게 까칠해진 행동과 말투. 그가 와서, 죽을 기회를 놓쳤다는 것에 아쉬워하는 까칠함이었을까.

'여보….'

아무 말 없이 그는 누워있는 내 옆에 누웠다. 따뜻한 그의 양팔이 내 몸을 감싸 안았다. 우리는 아무 말 없이 눈물을 흘렸다. 둘 다 느끼는 감정에 대해 말로 표현은 하지 않았지만, 눈가에 나타나는 표정과 눈물로 지레짐작할 수 있었다. 그의 눈물은 안도감이었을까. 불안감이었을까. 그때 나의 눈물은 미안함이었을지도. 그러나 그의 포근한 온기는 히말라야산맥의 꽁꽁 얼어버린 차가운 슬픔을 녹여내지 못했다. 안겨있는 채로도 죽지 못한 기회를 놓친 것에 대한 안타까움에 대한 감정도 계속 갔으니까.

"우리만 생각하자. 다른 것들 생각하지 말고…."

그렇게 울면서 외치는 그의 한마디.

그 한마디를 듣는 순간에도 무책임하게도 그를 생각하지 않았다. 이기적으로 나만 생각했다. 나만 사라지면. 모든 문제에서 무책임하게 회피해버리면, 다 괜찮을 거로 생각했으니까.

  삶의 지푸라기라도 하나 잡을 것이 없다고 생각했던 나였다. 나라는 존재는 쓰레기였다. 살아갈 가치가 없다고 느꼈었다. 회사 옥상의 어디를 올라가서, 어떤 자세로 떨어져야 한 번에 죽을지 궁리만 하던 나였다. 그러나 그가 나타나서 '우리'. '그와 서로 의지하는 삶'이라는 지푸라기를 나한테 던져주었다. 그거라도 잡고 나아가자고. 과연 그 지푸라기로 살아갈 수 있을까. 의심부터 들었다. 바로 지푸라기를 잡아들 용기는 선뜻 나지 않았다.

  그렇게 시간이 얼마나 흘러갔을까. 밝았던 방 안이 어두워질 때쯤, 바로 앞에 누워있는 그가 눈에 들어왔다. 시간이 흐른 만큼 그가 던져준 그 단어들에 대해서 생각하지 않을 수가 없었다. 어떤 지푸라기로 잡지 않으면, 이 힘든 감정을 주체할 수 없었다. 그렇게 나는 멍하게 있으면서도 계속 흐르는 눈물과 콧물을 닦으며, 그가 던져준 단어 '지푸라기'를 조금씩이라도 머릿속에 그려갔다. 머리와 가슴 속에 그가 준 지푸라기 한 줄 한 줄을 엮어나갔다. 또한 나를 옥죄게 만든 생각들을 그에게 하나둘씩 눈물로 풀어냈다. 시간이 얼마나 지나갔는지도 모르겠다. 그나마 밝았던 그의 얼굴이 완전하게 어두운 그림자로 뒤덮일 때쯤, 내 얼굴은 개구리처럼 눈두덩이는 통통 부었다. 콧물로 막혀버린 콧구멍 때문에 입으로 간간이 숨을 내뱉으며 말을 이어 나갔다.

4

우울증 판정

격동의 주말을 보내고, 아무 일도 없었다는 듯이, 그렇게 유대감 전혀 없고, 무미건조한 회사 생활을 그대로 이어 가고 있었다. 아무 생각 없이 모니터를 바라보는 매 순간 문득 '몇 층 높이에서 떨어지면, 완벽하게 죽을 수 있을까.'라며 생각에 잠깐씩 휩싸이곤 했었다. 이런 나. 도대체 문제가 있는 것일까. 아니면 나만 이런 게 아니고, 모든 사람이 다 이런 생각을 한 번씩은 하고 살아가는 것일까. 이래서는 안 되겠다는 생각에 병원 문을 두드리기로 결심했다.

1층 구석에 있는 정신건강의학과.

거기에는 대기 환자도 없었다. 거의 진료 시간이 끝나간 듯하다. 다른 진료과에는 사람들이 엄청나게 붐비는데…. 여기는 아무도 없었다.

오직 나. 혼자. 덩그러니 대기실에 앉아있었다.

"어떻게 하다가 오셨어요? 요즘 스트레스 많이 받으시나 보네요?"

일상생활을 하다가도 죽음에 관한 생각들이 문득문득 튀어나와서 간병원. 의사 선생님의 옆에 바로 앉자마자 선생님 입에서 나온 첫 한마디였다. 그러나 대기한 지 2분 만에 내 이름이 불려서 의사 선생님 방으로 가자마자 의기양양하게 "아~ 그거 별거 아니에요. 바로 고쳐드릴 수 있습니다"라며 자신감의 찬 말투를 내뱉은 의사 선생님을 마주했다. 이상하게 자신감의 찬 말투를 내뱉은 의사 선생님과 나 사이에 차가운 공기를 느꼈다. 주변에는 간호사도 없었다. 오직 의사 선생님과 나만 있는 공간. 그 공간은 참 차가웠다.

당황스러웠다. 그 자리에서 이런저런 나의 이야기를 했지만, 주의 깊게 들어주는 것 같지도 않았다. 그저 의사가 처방 내린 약으로 모든 게 해결될 거라는 식으로 처리하는 것처럼 느껴졌다. 나라는 존재에 대해 전혀 진지하게 생각해 주는 태도는 찾아볼 수 없었다. 짧고도 간단한 처방.

'내가 잘 찾아온 게 맞을까? 과연 이 약이 자살 욕구를 없앨 수 있을까?'

눈썹은 치켜 올라가고, 동공은 확장되고, 입술은 뜨거운 사막의 모래처럼 바싹 말라갔다. 선생님의 말씀은 더는 귀에 들어오지 않았다. 결국, 장황한 설명 끝에 만병통치약처럼 우울증약이 도움이 될 거라며, 처방을 내리겠다는 말만 듣고 문밖을 나왔다. 처방받으러 조제약실로 향하는 내 발걸음은 모래사막의 모래에 발이 푹푹 빠진 것 처럼 걷기 힘들 정도였다.

'일단 받고 생각해 보자….'

그렇게 병원을 나서는 한쪽 손목에 두툼한 약봉지를 걸고 문을 나왔다. 내 앞으로 지나가는 많은 사람. 눈꼬리와 입꼬리가 한껏 올라간 모습들이 눈에 띈다. 밝아 보이는 사람들 속에서 나 혼자 뭔가 문제가 있는 느낌. 정신건강의학과에 대기자는 한 명도 없었다. 오로지 나 혼자 정신건강의학과를 나왔기에 더욱 그렇게 느껴졌다.

5

자연스럽게

 그 의사 선생님은 마음에 들지 않았다. 그치만 계속해서 치료는 이어 나가야겠다는 생각에 아는 사람을 통해, 정신건강의학과를 새로 찾아갔다. 새로 만난 의사 쌤도 나에게 약의 힘을 조금은 빌리는 것도 낫다는 의견을 내비쳤다. 일주일에 한 번씩 상담해 나갔고, 일주일마다 약을 먹기 시작했다. 약 한 달 지난 후 상담일.

 "오늘 가져갈 숙제의 단어는 '자연스럽게'입니다. 잊지 말아요. 강박적으로 하지 말고, 자연스럽게 마음에 가는 것들을 할 수 있도록 하세요. 그리고 본질을 잊지 마세요."

 그날 상담받으며, 의사 선생님께 당부의 말씀. 당부의 숙제가 내려졌다. 아이러니하게도, 나는 어느새 많은 일들을 벌이고 있었다. 독서, 영어, 글쓰기, 다이어리 쓰기, 운동까지—모든 걸 놓으려 했던 사람이, 몇 달 만에 하루에 다 해내려다 보니 스스로에게 또 다시 짐을 많이 만들고 있었던 거다. 그렇게 우울함 속에서 갈팡질팡하던 나에게, 그 한마디는 꼭 필요한 처방이었다.

먼저 아침 활동부터 조금씩 고쳐 나가보기로 했다. 새벽부터 일어나, 독서든 운동이든 무슨 활동이든 해내고 출근해야, 뿌듯한 하루의 시작이라고 철석같이 믿었던 욕심. 이런 욕심을 내려놓기 힘들지만 조금씩 시도했다. 남들에게 뒤쳐지는 삶을 살아간다면, 내 미래는 희망이 있을지의 걱정도 같이 말이다.

매주 평일엔 출근 3시간 전에 일어났었다. 하지만 그날은 회사 출근 1시간 30분 전까지 푹 자보았다. 매일 다이어리도 내가 정말 절실한 마음이 들 때 써보기로 하고, 일단 책상 위에만 두었다. 회사를 다녀와서 부랴부랴 영어책을 펴서 공부하는 것 대신, 끌리는 책을 하나 펴서 한 페이지 읽어보았다. 러닝머신을 뛰며, 밀리의 서재 AI 듣기 독서를 해야 한다는 강박을 놓고, 내가 좋아하는 음악으로 틀고 정신없이 뛰어보았다. 강박에 사로잡혀서 하던 일들. 남들은 다 하는데, 나만 안 하면 안 된다는 마음으로 시작한 일들에 대해 조금씩 욕심을 내려놓아 보았다.

외출하려고, 자동차 시동을 켜는 순간. 문득 갑자기 평화로운 마음이 느껴졌다. 심장이 정지된 것 같지는 않은데, 내 속에 느껴지는 느낌이 고요하게만 느껴졌다.

그래 이거야.
하루 운동을 못 해도.
하루 다이어리 인증을 못 해도.

하루 독서를 목표치까지만큼 못 읽었어도.

비록 오늘은 못 했지만, 내일 다시 도전하는 마음으로 시작하면 된다고 외치자.

심기일전으로, 어제 못한 이유를 되돌아보고, 오늘은 어떤 전략으로 해내 볼 것인지 다시 생각해 보고, 의지를 다시 솟게 만들면 되는 거다.

산골짜기 계곡에서 물이 졸졸졸 흐르듯 인생의 흐름에 몸을 맡겨 흐르자. 계곡에서 강으로, 강에서 바다로 물이 흘러가듯 자연스럽게.

나를 위해서 하는 행동임을 기억하자.

내가 하는 행동의 본질을 기억하자.

강박감이 되어서는 안 된다.

자연스럽게 물 흐르듯이.

6

조금씩 내 보석을 찾아 모아 나가자

하루는 의사 선생님이 병원에서 시행하는 라이트 테라피를 권하셨다. 별 효과가 있나? 라는 반신반의하는 느낌으로 쭈뼛쭈뼛 걸음으로 방에 들어갔다.
"둥둥둥~ 쏴아아~"
눈을 감으니, 귓가에는 시원한 파도 소리가 더 잘 들린다. 발을 시원하게 핥았다가 다시 뒤로 뒷걸음칠 것 같은 바닷물. 등에 미세하게 울리는 진동. 감미롭게 들리는 음악. 이 3가지의 조합이 나를 더욱 안정되게 했다. 너무나도 강렬한 햇빛 아래에서 눈부시게 빛나고 있는 에메랄드 바다가 내 앞에 펼쳐져 있는 듯하다. 하늘과 바다가 구분이 안 될 정도로 푸르른 광경. 눈을 살짝 떠보니, 내 앞에 정말 눈부신 바다가 펼쳐져 있다. 머리맡에서 비추는 녹색 빛깔이 내 몸 주위를 따뜻하게 감싸고 있었다.

현실은 바닷가가 아니지만, 라이트 테라피실이 너무나도 따스하고 편안하게 느껴졌다. 약 30분 동안 하와이의 바닷가 풍경, 큰 야자수 잎들이 바람에 휘날리고 스치며 내는 소리, 주변에 있는 새들과 한적한 길의 풍경 등등 마음을 편안하게 해 주는 모습들이 시야 바로 앞 모니터 화면에 가득 채웠다. 내 등 뒤로 느껴지는 둥둥거리는 진동. 이 진동은 태아가 엄마 품에 있는 듯한 느낌을 비슷하게 구현한 듯하다. 진동 소리에 맞춰 내 심장박동도 따라서 편안하게 움직여졌다. 하와이를 연상시키는 즐거운 노랫소리가 너무나도 편안하다.

'후…. 하….'

대(大)자로 뻗은 편안한 자세로 누워서 깊게 호흡해 본다. 눈은 화면에, 귀는 소리에 집중했다. 이 순간만큼은 떠오르는 잡념들을 다 잊어버리게 되었다. 오로지 하와이 바닷가, 나무들, 한적한 거리에 집중하다 보면, 숨은 점점 천천히 들이쉬고, 내쉬면서 눈꺼풀의 무게가 점점 무거워진다. 머리맡에 내리쬐는 녹색 빛이 눈을 감아도 좋은 기운을 주는 것만 같아서, 편안함과 더불어 기쁨, 그 자체가 되었다. 그러다 어느새 편안한 환경 속에서 정신없이 자고 있던 나를 발견하게 되었다.

힐링의 주말을 보내고, 다시 일상으로 돌아갔다. 하루는 정신없는 회사 일 때문에, 어깨가 축 처지고, 온몸에 힘이 들어가지 않는 밤이었다. 그날은 너무 피곤함에 찌들어 있어 얼른 샤워하고, 잠들어야겠다는 생각뿐이었다. 약 먹는 걸 까먹을 정도로 피곤한 밤. 침대 이불에 몸을 파묻어, 눈과 귀를 빠르게 닫았다. 하지만 눈을 감았는데, 갑자기 청명하게 들리는 냉장고 소리, 고양이의 화장실 소리. 벌써 아침이 된 걸까. 추측

하곤 아직 커튼 뒤로는 칠흑 같은 어둠을 응시했다. 손을 아래쪽으로 더 듬어 휴대폰을 집어 들었다. 눈부신 화면 사이로 보이는 새벽 2시 숫자. 고작 잠을 청한 지 3시간이 지나있었다. 이상한 내 몸의 신호를 감지했 지만, 어쩔 도리가 없었다. 이 시간에는 잠밖에 답이 없었다. 다시 잠을 청해보지만, 이내 곧 맑아지는 정신. 새벽 4시. 그렇게 나는 아침 7시가 되어갈수록, 깨는 주기는 짧아져 대략 10번 정도 잠을 설쳤다.

다음날, 흐리멍텅한 눈, 개운하지 않은 머릿속, 무슨 이야기를 들어 도 그 이야기는 한 귀로 들어와서 한 귀로 나갔다. 도저히 내가 하는 활 동들에 집중할 수 없었다. 그다음 날은 어제보다 나아졌지만, 그래도 개 운하지 않았다.

'아…. 테라피를 받아야겠어.'

라이트 테라피를 받는 순간이 주는 편안함에 중독된 걸까. 어느 순간 약을 놓쳤을 때마다 멍한 상태가 싫었다. 집중 못 할 때마다, 머릿속에서 는 편안하게 테라피 방에서 누워서 힐링되는 자연을 보고 있는 내가 상 상되었다. 그 시간만이라도 힘들어하는 정신상태를 편안하게 해주고, 달래줄 유일한 방법은 이 치료요법밖에 없다는 생각이 마음속에서 커져 만 갔다. 일주일 중에 토요일은 꼭 받아야 불안함이 해소되었기에, 15번 이상의 치료를 이어 나갔다.

그러나, 문득 매번 라이트 테라피를 받는 나를 제3자의 눈으로 바라 보게 되면서, 이건 아니다 싶은 생각이 떠올랐다. 잠을 못 잤을 때마다, 돈을 써가며, 테라피를 받을 수 없는 노릇이었다.

그래. 테라피에 너무 의존하지 않고, 평소에도 돈을 들이지 않고도,

평안을 찾는 방법이 있는데, 내가 놓치고 있었다. 평화롭게 앉아서 일할 수 있는 공간이 있다는 것. 안락하게 쉴 수 있는 침대가 있는 것. 사랑스러운 고양이가 따뜻한 햇볕을 맞으며, 그루밍을 하는 모습을 멍 때리며 고요하게 바라볼 수 있는 것. 주변 공원을 산책하며, 시원한 바람을 맞는 것. 힘든 컨디션, 축 처진 기분을 타개할 방법은 평소에 누리는 환경에 감사하고 만끽하는 것이었다. 라이트 테라피를 통해서 매번 보는 장면들을 떠올려 보니, 평안한 장면들을 보고 생각함으로써, 평안을 찾았었다. 이와 비슷하게 곰곰이 생각 해 보니, 직접 내가 비슷한 장면들을 평소에도 자주 떠올리면, 돈을 들이지 않고도, 마음이 고요해질 수 있을 것 같았다.

주변을 둘러보니, 이미 점심시간에는 회사 빌딩 근처, 공원 근처로 산책을 하고 있는 사람들이 눈에 띄었다. 산책을 하면서 그나마 기분 좋은 미소를 지니며 거니는 사람들. 커피잔 하나를 들고 걸으며 하하호호 이야기 하면서 걷는 사람들. 그 사람들을 보는 순간, 나만의 소소한 일상이라는 보석을 보지 못하고, 한숨만 내쉬고, 우울한 시간을 보낸 것에 대한 자책감이 몰려왔다.

그래. 나도 회사 5분 거리, 힐링할 수 있는 공간이 있다는 걸 알았으니, 이제라도 회사에서 힘든 시간을 보낼 때마다, 점심 때 산책을 가거나, 조금씩 지금이라도 주어진 환경에 감사하고, 누려야겠다는 다짐을 하기 시작했다.

햇빛에 잎사귀들이 반짝거리는 나무, 비가 오면 촉촉하게 젖은 건물, 나무, 하늘, 눈을 멀게 할 만큼 눈이 부신 햇살, 주변 거리에 핀 강인한 작은 들꽃들, 차가우면서도 뜨거운 살랑이는 바람결. 사랑하는 사람 손잡고 걷는 1분 1초의 순간들.

　이렇게 한 걸음 한 걸음씩 일상생활의 보석들을 찾아 모아 나가보려 한다. 그러면 평소에 생각하던 우울의 늪은 말라비틀어져서 새 생명을 일궈낼 수 있는 멋진 토지로 완성되겠지? 모니터 세상 속의 허상들을 생각하기보다, 주변의 아름다운 보석들을 하나씩 꺼내어서 봤다가 다시 넣어두는, 마음이 안정화될 수 있는 루틴이 조금씩 조금씩 완성되길 바라본다.

7

괜찮은 줄 알았는데

감정 상태 : 흐림. 우울.

약 먹고, 운동하고, 병원을 꽤 잘 다니고 있을 무렵이었다. 최근 며칠 동안, 장맛비가 와도 내 마음은 먹구름처럼 흐리지 않았다. 어두운 먹구름 사이로 조금이라도 보일 반짝거리는 햇빛 줄기가 보일 거라는 희망으로 가득 찬 상태. 그런 마음으로 있다 보니, 추적추적 내리는 우울 빗방울들이 내 마음을 빗겨나가 주룩주룩 아래로 흘러내렸다. 마음에 긍정이라는 방수 코팅이 되어있는 느낌이랄까. 그래서 마음이 괜찮아졌다 생각했다.

하지만 오늘은 이 방수 코팅이 조금 벗겨져 있었나 보다. 쨍쨍한 날에는 몰랐던 내 상태의 진실이 드러난 기분이었다. 비가 추적추적 내리고, 어제 점심때 까먹어서 약도 못 먹기도 했고, 내가 한심하다는 걸 문득 느끼는 순간들이 연달아서 발생했다. 단단했던 긍정이라는 방수 코팅을 조금씩 벗겨지다가 구멍이 뚫린 듯했다. 화장실을 가는 발걸음 내내 눈물이 흘렀다. 업무적으로 실수한 내가 한심스럽고, 처량해 보여서 변기에 앉아있는 동안 눈물을 닦아 내보지만, 마음은 눈물을 내보낸 만큼 괜찮아지지 않았다. 이 글을 쓰는 지금. 키보드를 두드리면서도 옆 사람이 모르게, 시냇물처럼 졸졸 안구에서 물이 나오도록 내버려 두고 있다.

하지만 우울해도, 먹성은 그대로 살아있나 보다. 떡갈비와 샐러드가 한가득 있는 점심. 음식을 가득 담아 멍한 상태로, 우걱우걱 모든 걸 잘게 씹어서 위장으로 음식들을 보냈다. 내 우울감도 위장과 대장을 거쳐, 얼른 세상 밖으로 나오길 바라는 듯이. 그렇게 나는 마구 먹어 댔다.

이렇게 가득 먹고는 파라솔만큼 큰 나만의 검은 우산을 들고 길을 나섰다. 산책이라도 하면 기분이 나아질까 해서. 많이 먹은 것에 대한 약간의 죄책감을 덜어내기 위해, 비가 오더라도, 20분 정도 걸었다.

양쪽에는 이어폰을 꽂았다. 싱잉볼 소리가 내 양쪽 귀를 가득 채운 채 걸었다. 힐링의 소리에 집중하고 싶어서 싱잉볼 소리를 틀었는데…. 그 소리마저 귀에 전혀 들리지 않았다. 우산을 쓰고 있어도, 온몸이 비에 다 젖는 느낌이다. 마음은 아스팔트 바닥에 질질 끌어서 너덜너덜해진 상태. 나에게 주어진 이 상황들이 왜 이렇게 버겁게만 느껴지는 건지. 나는 도대체 뭘 하면서 살아야 매일 웃으면서, 기분 좋게 살아나갈 수 있을지. 온갖 생각들이 내 머릿속을 쥐어 잡았다. 이깟 실수 하나에 무너지는 내가 참 한심해 보이기도 하고, 밉기도 한 날이다. 다른 곳에 취직하더라도 맨날 실수할 텐데, 그때도 똑같이 우울 모드로 지낼 것만 같다. 미래가 암울해진다.

'어제는 열심히 살았네.'

책상 위에 놓아둔 다이어리가 눈에 띈다. 빡빡하게 적힌 월 계획표. 꼼꼼하게 시간 단위별로 적은 스케줄과 많이 체크되어 있는 TO-DO 리스트들. 나를 위한 활동이라 생각하고 다시 시작한 영어, 독서, 글쓰기, 운동. 최근 며칠을 포함한 어제까지 참 열심히도 살았다. 괜찮아진 줄 알았다. 나에게 감사한 순간들을 매일 생각하는 것도 꾸준히 하고 있었으니까. 그래서 나름 잘 해내고 있었다고 생각했다. 그러나 오늘은 무슨 일일까. 도대체, 긍정 방수 코팅이 왜 벗겨진 걸까.

8

얼굴

　　병원을 안 간 지 2주째. 눈 주위가 빨갛다. 라면을 먹지 않았지만, 먹고 일어나 만들어진 것 같은 한껏 팅팅 부은 눈이 돼버렸다. 눈동자는 주위의 얼얼한 느낌 때문에 흐리멍덩한 초점으로 세상을 바라보고 있다. 계속 떠오르는 안 좋은 생각 때문인지, 흐르기 시작한 눈물은 폭포수가 되어 멈출 수가 없었다. 계속해서 이어지는 강물처럼 주르륵 볼을 타고 흘러 가슴팍을 한가득 적시고 있다. 코는 새빨간 루돌프 코가 되었다. 코 안은 꽉 막힌 하수구처럼 막혔는지, 가만히 있어도 콧물만 주르륵 흐른다. 코를 너무 닦은 탓일까. 콧구멍 주변도 얼얼하면서 2번 더 만지면 헐 것 같이 따가워지는 듯하다. 머리는 점점 멍해진다. 코를 너무 풀어서일까. 아니면 너무 신경을 쓴 탓일까. 눈물을 너무 흘려서일까. 무엇이 원인인지는 모르겠지만, 너무 울어서 머리가 멍하다. 당장 뭘 해야 할지 판단도 안 선다.

오늘은 내 이야기를 들어주고, 마음을 소중하게 보듬어 주시는 상담 교수님과 대화를 깊이 나누었다. 타인에게 이렇게 진실하게 말한 것은 처음이었다. 집안, 결혼, 남자친구, 회사, 뭘 해도 드는 정서적 허기, 공허감 등 여러 주제에 관해서 이야기를 나누었다. 그 속에서 내가 놓치고 있는 것들을 조금씩 알아가는 와중에 계속 눈물이 흐르는 것이다. 이제는 괜찮아졌다고 생각했는데…. 괜찮은 척한 걸까.

지금은 다시 원상복구된 느낌. 무엇이 문제일까. 대부분 사람은 내면 심리 변화를 주면 된다고 생각하는 경우가 많다고 한다. 맞다. 내면의 변화를 일으켜서 정상화하는 것이 중요하다. 내면의 변화를 일으키기 위해서, 환경적으로 변화를 주는 것이 맞는 듯 보였다.

현재 무엇을 위해서 살아야 하는지 모르고, 정서적 허기를 느끼는 상태. 직장에서 성취를 이뤄내서 보상받으면서 잘나가는 것도 아니고, 퇴근 후 집에 와서도 혼자 있는 허한 느낌이 들었다. 계속해서 유튜브나 드라마에 빠져 살았다. 우울증 검사에서도 자살 시도는 하지 않았지만, 죽어도 괜찮을 것만 같은 느낌을 들키기도 했다. 행복, 기쁨의 에너지를 받는 곳 없이, 아침에 일어나서 여러 상황에 대처하는 에너지를 소비해야 하니, 지치고 힘들어하는 느낌이 많이 든다는 객관적인 시선을 말씀해 주셨다. 이렇게 인생을 꾸역꾸역 살아가고 있었던 걸 알게 되었다. 그래도 돈은 벌어야 하니까. 아침에 꾸역꾸역 늦게 일어나서, 지각하더라도 회사를 갔고, 꾸역꾸역 내가 맡은 일들을 처리했다.

사람은 발달단계에서 멈추면 히스테리가 되는데, 난 지금 그 상태가 된 느낌이라고나 할까. 중학교에서 고등학교로 넘어가야 하는데, 혼자 못 넘어가는 느낌이다. 혼자 있는 느낌 자체에 대한 감정이 우울, 불안이었다. 함께 있음으로써 누리는 기쁨, 행복 에너지를 만들어 가고 싶다. 환경을 바꾼다. 혼자 살지 않고, 둘이 같이 사는 환경으로 바꾼다. 결국, 결혼이라는 것이 도피가 아닌, 나를 위한 일인 걸까.

용기 내서 결혼했다고 치자. 그럼 둘이서 힘을 합치게 되면, 정말 정신적으로 강력해질까? 정말 힘들어하던 심리적 상태도 벗어날 수 있을까? 확신이 서지 않는다. 진심으로 같이 잘 살고 싶지만, 아직은 그도. 나도 용기가 선뜻 안 서는 건 매한가지였다. 지금의 내 상태도 이러하니 더더욱 하면 결혼이란 걸 하면 안 될 것 같다는 생각이 눈덩이처럼 커진다.

아… 이제 아무것도 생각하기 싫다. 머리가 멍하다. 얼른 자고 싶었다. 일단 잊어버리고, 자자. 기괴한 심리극장이 펼쳐지는 꿈나라로 도피하자.

9
———

죽고 싶으니까 달리는 거야

　우울의 비를 맞듯 샤워기의 뜨거운 물줄기를 한참이나 맞았다. 샤워하는 내내 죽음에 대한 생각이 떠나질 않았다. '죽으면 죽는 거지.'라는 부정적인 생각들. 아침에 일어나서 눈을 뜨고, 샤워하고, 평소처럼 다시 일상으로 돌아가 평범하게 사는 듯했지만, 간신히 숨이 붙어있는 상태였다. 그래도 일단 의사 선생님과의 약속, 그리고 '서로 의지하는 그와의 삶'이라는 지푸라기. 이 두 가지가 나를 붙잡고 있었다. 특히, '우리'라는 지푸라기를 마음속에 깊이 새긴 이후로, 일단 자살과 자해라는 단어들은 생각하지 않기로 했기에. 이 이면적인 내적 싸움을 힘겹게 이어가고 있었다.
　물을 마시려고 주방으로 가는 길, 현관에 놓여 있는 운동화가 눈에 들어왔다. 그 순간 자살이라는 걸 생각 안 하기로 했지만, 자연스럽게 죽는 건…. 괜찮지 않을까. 진짜 심정지가 올만큼 극한 상황까지 몰고 가서 죽어도 괜찮지 않을까. 라는 생각이 몰려왔다.

순간적으로 아무 계획도 없었는데 러닝 옷에 머리를 넣고 운동화에 발을 욱여넣었다. 끈을 질끈 동여맸다. 그리곤 냅다 밖으로 뛰었다. 목적지도 없었다. 그저 눈앞에 탁 트이는 그 길을 무한대로 뛰어댔다. 심장이 터질 만큼 속도 조절도 하지 않고 냅다 뛰었다.

나는 겁쟁이였고, 멍청이였다. 운동하기 전에 그런 생각이 내 머릿속에 가득 차 있었지만 조금 더 뛰자 생각 자체가 싹 사라져버렸다. 그다지 똑똑하지 않은 나는 부정적인 생각도 휘발해버렸다. 달리는 동안에는 아무 생각이 들지 않았다. 오직 움직이고 있는 다리, 팔, 아스팔트 길, 허공에 떠돌고 있는 이 시간에만 집중했다.

가끔 마라톤 선수들이 달리다가 심정지로 사망한 뉴스를 보면, 그 사람이 나였으면 좋겠다.라는 생각한다. 돌연사로 쓰러진 사람들을 자세히 들여다보면, 40도 온도의 환경에서 오래 뛰거나, 수면 부족, 과로의 상태에서 운동을 무리하게 오랫동안 한 사람들이었다. 나는 그런 환경이 아니어서일까. 어느 정도 정신없이 뛰고 나니 가만히 있어도 심장이 빠르게 뛰는 것이 느껴졌고, 목구멍에서는 피 맛이 선명하게 느껴졌다. 침을 뱉으면 피가 나올까. 침이 나올까. 아무것도 나오지 않을까.

그러나 딱 거기까지였다. 그래. 역시 나는 아직 멀었다. 겁쟁이였다. 수면 부족이 되고 싶지는 않고, 과로하고 싶지도 않았다. 그저 죽고 싶은 마음만 먹었을 뿐이었다. 죽으려고 노력도 안 하는 자체가 참 일맥상통하지 않는다. 그러나 자연스럽게 죽고 싶다는 마음뿐이다. 심장이 터질 만큼 뛰다가 죽고 싶었지만, 죽지 못했다. 뛰다 걷다 뛰다 걷다 할수록,

내 심장은 더 단단하고 강력해졌다. 심장박동이 크게 뛰어가다가도, 똑같은 속도로 달렸지만, 이내 곧 안정적으로 움직이는 걸 느꼈다. 달리면 달릴수록 내 심장은 단단해지다니, 이런 아이러니한 상황.

    달리기를 끝내고 집에 돌아가는 길. 한적한 강가 위로 불그스름해진 하늘과 석양이 눈에 띈다. 강가에 부는 시원한 바람. 따뜻한 빛이 나를 감싸는 것이 느껴진다. 문득 생각나는 사랑하는 사람. 휴대전화를 들어, 그의 번호를 누르는 순간, 머리칼 사이로 바람이 지나간다. 그에게 오늘 달리기, 이야기 해야지.

02

나를 위한 작은 용기

"사람은 결국,
상상한 대로 살아가는 존재일지도 모른다."

1

눈이 번쩍 뜨이는 수업

많은 사람에게는 자신만의 아픔이 있다. 그 아픔을 치유하기 위해서는 먼저 '나 자신'을 알아가고, 마음을 다독이는 일부터 시작해야 한다고 한다. 나 역시 나만의 아픔을 오래도록 혼자 삼켜 왔다. 하지만 그 아픔을 치유하려는 생각조차 하지 않았었다. 그러다 꽃이 피고 지고, 바람이 차가웠다가 따뜻해지듯, 붙잡을 수 없는 세월의 흐름 속에서 이제라도 긍정적인 변화를 만들어야겠다는 마음이 들었다. 그 마음을 붙잡고, 나는 조금씩 나아가기 시작했다.

작은 용기를 내어 심리상담 스터디 수업을 신청했다. 처음엔 내 이야기를 꺼내야 하는 순간이 올까 봐 불안했다. 타인들은 나를 어떻게 볼까, 신청을 취소할까 망설이기도 했다. 누구에게도 말하지 않던 속마음을 꺼내는 일은 쉽지 않은 일이었다. 하지만 좋은 인연들을 만나면서, 쉽게 꺼낼 수 없던 이야기들을 하나둘 말하게 되었고, 그만큼 정말 값진 피드

백을 받을 수 있었다. 그 시간이 쌓일수록, 나는 매주 더 깊이 고민을 준비해 나갔다.

처음 접한 '교류 분석'이라는 개념. 심리 이론 수업은 정의조차 완전히 이해하지 못한 내게 처음엔 그저 '검은 건 글자요, 흰 건 종이'였다. 그러나 학우들의 질문, 그들만의 고유한 이야기, 그리고 그 이야기 속에 교류 분석을 녹여내는 방식은 내게 신선한 충격이었다. 생각의 틀을 넓혀 주는 지혜로운 교수님의 설명 덕분에 이해도 한결 쉬워졌다.

"책은 사람을 비춰주는 거울이에요. 책과 책이 서로를 비춰주기도 하죠."

'와… 어떻게 이런 표현을 하실 수 있지?'

수업 중 교수님의 말 속에는 명언 같은 문장이 종종 등장했다. 그럴 때마다 나는 감탄에 감탄을 금치 못했다. 같은 수업을 듣는 선생님 중 한 분은 이 말을 듣고 눈물이 났다고 말하기도 했다.

'책은 사람을 비춰주는 거울이라.'

나는 지금 어떤 책을 읽고 있는 사람인가, 문득 되돌아보게 되었다. 그날의 심리 수업에서도 많은 걸 얻었다. 조금씩이라도 심리학을 공부하면서, 내 마음을 더 건강하게 만드는 방법을 찾아가는 느낌이었다.

"우리는 이제 성인 자아로서 축복에너지를 나 자신에게 직접 줘야 합니다."

'하루 동안 수고했어.', '너는 괜찮은 사람이야.', '뭐, 어때.'

'힘들 수도 있지.', '그럴 수도 있지.', '나락으로 빠질 수도 있지.'

'지금까지 잘해오고 있어.'

그날 나는 이런 축복과 긍정의 에너지가 가득 담긴 말들로 온몸 가득 샤워해 보았다. 눈을 감고 되새겨보니, 마음이 몹시 따뜻해졌다. 죽음에 대한 생각은 잠시 접어두기로 했다.

'나 자신에게도 축복을 줄 수 있다'는 관점은 내게 아주 새로운 경험이었다. 그동안 축복은 외부 사람이나 환경으로부터만 받을 수 있다고 여겼다. 그런데 직접 내게, 스스로 계속 말을 건넬 수 있다니. 그 신선한 생각이 내 안을 조금씩 바꿔놓기 시작했다. 그동안 나를 몰아붙이고, 자존감을 깎아내리며, 배려 없는 말을 쏟아냈던 건 바로 '내 안의 나'였다.

하지만 교수님의 긍정의 말들은 그 모든 것을 차츰 상쇄시켜 주었다.

이 긍정적인 말들로 매일 온몸을 흠뻑 적신다면, 처음에는 방수 코팅처럼 튕겨내던 부정적인 감정들이 조금씩 씻겨 나가고, 결국은 긍정으로 가득 젖어 있는 '나'를 발견하게 되지 않을까?

2

귀신이 무섭니, 도깨비가 무섭니?

　하루는 심리상담 수업에서 귀신 이야기를 들었다. 귀신과 도깨비에 대한 심리학적 분석 이론은 내게 아주 흥미로운 신세계였다. 그 이야기는 다음 날까지도 머릿속을 맴돌았다.
　아이들은 자라면서 귀신을 무서워하게 되는 시기가 있다고 한다. 대개 초등학교 입학 전후, 엄마와의 심리적 분리를 배워야 하는 중요한 시기에 그런 감정을 느끼게 된다고 했다. 흥미롭게도, 아이가 귀신을 얼마나 무서워하느냐에 따라 엄마로부터의 독립 정도를 가늠할 수 있다고 한다.
　대부분이 떠올리는 귀신의 모습은 '처녀 귀신'이다. 긴 머리를 가진 여성, 새하얀 얼굴. 그리고 그 이미지가 아이들의 엄마와 어느 정도 닮아 있는 경우도 많다고 한다. 반대로, 도깨비는 아빠의 상징으로 여겨진다. 꿈에서 도깨비보다는 처녀 귀신이 더 자주 등장하는 이유는, 그만큼 아빠보다는 엄마에게 심리적으로 더 의존하기 때문이라고 했다. 물론 사람마다 다르긴 하겠지만 말이다.

"성인이 되어서까지도 귀신이 보이고, 무서워한다고 말한 내담자가 있었어요. 그분의 과거를 들여다보니, 어릴 적 어머니에게 심한 학대를 받으셨더라고요. 지금은 70세 가까운 나이인데도, 그 시절의 상처가 마음속 깊이 남아 있었죠. 상담을 통해 많이 회복되셨지만, 여전히 귀신을 본다고 하셨어요. 이미 어머니는 돌아가셨지만, 그분은 마음속에서 엄마를 완전히 놓지 못하고 있었던 거예요. 그래서인지, 주변에서 어머니 또래의 노인을 보면 도와주고 싶어 하셨고, 몸이 상할 정도로 봉사를 계속하셨죠."

이 교수님의 이야기를 들으며, 나도 문득 궁금해졌다. 나는 과연 부모님으로부터 얼마나 독립했을까?

지금은 괜찮지만, 어릴 적 나는 여자 귀신을 꽤 오래 무서워했다. 마지막으로 공포를 강하게 느꼈던 건 초등학교 시절. '착신아리'라는 공포 영화를 본 후부터였다. 머리를 감을 때 눈을 감는 게 무서웠고, 침대에서는 이불을 발끝까지 덮지 않으면 귀신이 발목을 잡을 것 같아 항상 꽁꽁 싸매고 잤다. 그 귀신은 아이였지만, 그 형체가 며칠 동안 머릿속에 남아 있었다. 낮이든 밤이든 꼭 눈을 뜨고 있어야 할 것 같은 느낌이었다.

어쩌면 그 시절, 나는 엄마를 무서운 존재로 느끼고 있었던 건 아닐까? 많이 혼내시기도 했고, 한편으로는 따뜻하게 보살펴 주시기도 했지만, 그 감정의 경계가 헷갈렸던 건지도 모른다. 어쩌면 초등학생 때는 누구나 그렇게 느끼는 걸까? 그 시절의 내 심리를 되짚게 되었다.

'나는 그동안 어떤 마음으로 살아왔던 걸까.'

이제 성인이 된 지금, 귀신에 대한 내 관점은 완전히 달라졌다. 눈을 감았을 때, 누군가가 보인다면 '그 존재는 얼마나 힘들었을까', '혹시 나에게 말을 걸고 싶었던 걸까' 하는 생각이 든다. 무섭기보다는 안쓰럽고, 두려움보다는 연민이 앞선다. 언제부터 이 시선이 바뀌었는지는 모르겠다. 하지만 달라진 시선 덕분에, 멀리 떨어진 엄마를 바라보는 내 마음도 조금은 달라졌다는 걸 부정 할 수 없었다.

가끔 엄마에게 전화를 걸면, 그동안 힘들었던 에피소드들을 하나씩 나에게 나열하곤 하셨다. 배우자에게도, 친동생에게도 하지 못한 이야기를, 나에게 하셨다. 나는 '아이고, 그랬어?' 하며 공감해드렸고, 때론 안타까운 마음도 들었다. 하지만 점점 그 이야기들을 들어주는 일이 너무 지치게 되었다. 부정적인 말들이 내 에너지를 자꾸만 갉아먹는 것 같아서, 한때는 3개월 이상 전화를 걸지도, 받지도 않았던 적도 있었다.

결국, 귀신을 의식하는 건 어쩌면 멀리 있는 부모님을 의식하는 것이 아닐까? 계속 마주하거나, 아니면 피하거나. 둘 중 하나는 선택해야 하는 걸까?

하지만 지금은 이렇게 생각하기로 했다.

"어딘가에 있을 귀신이 날 쳐다보든 말든, 이제 상관없어."

삶을 살아가는 데 있어 귀신이 있든 없든 그게 무슨 상관일까. 부모가 내가 뭘 하는지 알고 주시하고 있는 듯한 느낌도 이제는 별 의미가 없다. 나는 부모 밑에서 자랐지만, 이제는 성인이고, 내 삶을 스스로 책임질 사람이다.

나는 지금 여기 있고, 나의 삶을 스스로 꾸려나간다. 그러니 이제는 '나'에게 집중하기로 했다.

이 글을 쓰면서 조금이나마 부모라는 존재로부터 정신적으로 독립한 것 같아 다행이다. 앞으로 나는 더 독립적으로, 지혜롭게, 멋지게 살아가리라.

결혼 후에도 의존적이지 않고, 스스로를 잘 지키는 지혜로운 사람으로 살아가리.

빛나길, 빛~나지예~

3
―
꿈

 어릴 적부터 나만의 '꿈 미신'이 있었다. "꿈을 꿨다면 12시 전에 누구에게도 말하지 마. 말하면 나쁜 일이 생길 수도 있어!" 어떤 불행이 찾아올지는 몰랐지만, 무조건 찾아올 것 같다는 근거 없는 확신.
 그 미신은 성인이 된 지금까지도 나를 지배하고 있었다. 어디서 들었는지도 모르겠는 그 말에, 서른이 넘도록 맹신해왔다.
 또한, '돼지 꿈이 아니면 다 개꿈'이라는 생각도 굳건했다. 특별한 상징이 없는 꿈은 머릿속에서 얼른 지워버리려 애썼다.
 "다음 주에는 프로이트의 정신분석학을 주제로 공부해 보겠어요. 예습하고 만나요~"
 '꿈이라….'
 심리학 수업을 들으며, 그 미신은 조금씩 옅어졌다. 오히려 꿈의 해석이 더 궁금해졌다. 호기심이 피어났다. 자고 일어난 뒤에도 흐릿하게

나마 남아 있는 꿈의 장면들을 꼭 잊지 않으려고 계속 떠올리고 되새겼다. 꿈속 장소, 물건, 인물들이 어떤 상징으로 나에게 말을 걸어오는지 곱씹으며 반복해 떠올렸다. 꿈이라는 매개체를 통해 내 무의식이 어떻게 구성되어 있는지를 들여다보고 싶어졌다. 교수님이 추천한 프로이트의 『꿈의 해석』도 읽고 싶어졌다.

예습 자료를 살펴보던 어느 날, 문득 오래전 꾼 꿈 하나가 떠올랐다.

'아, 이건 메모해둬야 해.'

눈은 감겨 있었지만, 정신은 15%쯤 깨어 있는 듯한 상태. 꿈속에서 헤매다 깬 직후, 어렴풋이 남은 장면들을 잊지 않으려고 필사적으로 붙잡았다.

잠들기 전, '기억해야지'라고 외치던 다짐이 아침까지 이어졌다.

곧바로 오른쪽으로 손을 뻗어 휴대전화를 집어 들었다. 메모장 앱을 켜고, 흐릿한 장면들을 단어와 문장, 그림으로 얽어가며 머릿속에 남은 잔상들을 차근차근 끄집어냈다. 10분쯤 썼을까. 메모장 두 페이지가 채워졌다.

그건 2022년 10월의 기록이었다. 다시 읽어보니 제법 상세히 적었다. 꿈이든 현실이든, 나는 '공간'에 대한 기억력이 좋은 편이다. 그래서였을까, 꿈속 장소가 매우 선명하게 남아 있었다. (현실에선 한 번도 가본 적 없는 해외 도시도 구글 지도를 통해 잘 익히곤 했었다. 일본, 대만, 중국 등.)

꿈속 장소는 부산 금정구 노포동 지하철역의 오래된 화장실과 비슷했다. 나를 마주 보고 있는 화장실 칸은 총 네 개. 왼쪽에서 오른쪽으로

꿈 53

1~3번째 칸은 일반 칸, 4번째는 장애인용 칸이었다.

먼저 첫 번째 칸에 들어갔다. 문을 열자마자, 예상과 다른 공간이었다. 한 발 앞으로 나아가 오른쪽을 보니 변기가 있었다. 변기까지 가려면 네 걸음은 걸어야 했다. 그때 갑자기 누군가가 나타나, 변기의 크기가 작아졌다고 하소연하며 나를 지나쳐 첫 번째 화장실 문을 나가 버리는 것이 아닌가. 나는 변기에 앉지도 못한 채, 첫 번째 칸을 빠져나왔다.

두 번째, 세 번째 칸은 가지 않았다. 장애인용 네 번째 칸 앞에서 잠시 고민하다가 문을 열었다. 오른쪽에서 왼쪽으로 밀어야 여는 구조였다. 들어가 보니, 변기는 왼쪽으로 네 걸음 떨어져 있었다. 변기에 앉으면, 걸어 잠갔던 문의 입구를 마주하고 있었다.

그때 갑자기 용변이 급해서 변기에 앉으려고 하는 순간! 누군가 안에 사람이 없는 줄 알고 문을 슬쩍 열었다. 그 사람은 내가 있는 걸 모르고 들어왔고, 나 역시 너무 놀라 바지를 다시 끌어올리며 문 쪽으로 갔다. 그 사람은 남자인지 여자인지 구분이 어려운 중성적인 모습이었다. 지금 다시 생각해 보니, 여자 화장실인데 왜 그런 인물이 나타났을까. 혹시 공용 화장실이었던 걸까?

이 화장실 꿈은 겉보기엔 그저 흔한 이야기 같다. 하지만 심리학 수업 시간에 이 꿈을 풀어놓았고, 교수님의 해석을 듣고는 의외의 지점을 발견했다.

"꿈의 상징을 일반적인 의미로 해석하면 안 됩니다. 방향성에 주목해 보세요."

내가 모르는 사이, '왼쪽에서 오른쪽', '오른쪽에서 왼쪽'이라는 말을 계속 반복하고 있었다. 교수님은 그 방향성이 중요한 단서라고 했다. 특히 그 표현은 '심리적 대극'이나 '중년기의 통합'을 의미할 수 있다고 하셨다. 꿈의 해석은 단번에 이해하기 어려운 깊은 학문이었다. 교수님도 몇십 년째 연구 중이라 하셨으니.

그럼에도 분명한 건 무의식을 들여다보려면, 꿈을 살펴보는 것만큼 좋은 통로는 없다는 사실이었다. 우울, 불편함, 희망 같은 감정이 내 안에서 어떻게 일어나고 있는지를 꿈이 힌트를 보여줄지도 모른다.

이제 나는 자러 가는 시간이 기대된다. 기괴하고도 흥미로운 심리극장이 나를 기다린다. 꿈을 피곤한 일로 여기기보다, 내 무의식의 메신저로 받아들이기로 했다.

"오늘 나는 어떤 걸 신경 쓰고 있었을까? 내 무의식은 지금 어디로 흘러가고 있을까?"

나는 이제, 무의식이 건네는 그 은밀한 메시지를 기대하며, 꿈을 기다린다.

4

사르르 녹여주는 말

 내 MBTI는 ENFP다. 외향적인 성향 덕분에 겉보기엔 늘 밝고 활기찬 사람처럼 보였지만, 그 안에는 늘 정신적인 허기와 불안, 우울감이 함께 있었다. 하하호호 웃으며 사람들과 어울리고, 온라인에도 늘 웃는 사진을 올리다 보니, 사람들은 나를 '밝은 에너지의 소유자'로만 여겼다.
 하지만 나는 많은 감정을 혼자 삼켰다. 드러내지 않다 보니, 우울감은 눈덩이처럼 불어났다. 심각한 상태가 되어버린 나를 본 심리학 교수님께서, 우연히 좋은 기회로 심리검사를 진행해 주셨다. 조용한 공간에서 집중해 문항을 작성한 뒤, 카카오톡으로 결과를 전달드렸다. 그리고 해석을 들을 날을 기다렸다.
 결과지를 미리 받아보긴 했지만, 그 안에 있는 심장 박동 그래프 같은 그림들은 해석할 줄 몰라 더 궁금해졌다.
 약속한 시간, 교수님과 마주 앉아 해석을 들었다. 질문에 차근차근

답을 하다가, 어느 순간 나는 흥분한 듯 내 안의 힘듦을 쏟아내기 시작했다. 우울의 원인을 하나하나 마주하는 과정은 생각보다 괴로웠다.

검사의 결론은, 내 우울의 뿌리는 '불안'이었다. 이 결과를 통해 내 감정의 원인을 객관적으로 바라볼 수 있었다. 하지만 그 불안을 없애는 방법까지는 찾지 못했다.

"내가 뭘 해야 할까…."

상담이 끝난 뒤에도 머릿속은 복잡했다. 불안의 원인을 머릿속에서 샤워기 물줄기처럼 씻어내고 싶었다. 하지만 그런 철학적인 질문에 단번에 답이 나올 리 없다. 한숨만 나왔다. 그렇게 낙심하고 있던 찰나, 교수님에게서 카카오톡 메시지가 도착했다.

단 몇 줄짜리 메시지였지만, 나는 그 문장을 보는 순간 눈물이 왈칵 쏟아졌다.

"노력과 고통, 억울함을 딛고 나가려는 그 눈물, 너무 소중하게 여겨집니다. 눈물 위에 뜨는 무지개가 보입니다. 존경하고, 사랑합니다."

단언컨대, 이건 오직 그 교수님만이 해주실 수 있는 말이었다.

나는 한 번도 교수님을 직접 뵌 적이 없다.

하지만 줌 화면 속, 그리고 카톡 몇 줄만으로도 교수님은 내 마음을 안아주고, 토닥이고, 인정해 주셨다. 그 3~4줄 되는 카톡 문장을 보자마자, 눈에서 폭포처럼 눈물이 쏟아졌다. 순식간에 먹구름이 눈두덩이를 휘감싸더니 퉁퉁 붉게 했으며, 얼굴이라는 대지엔 콧물과 눈물이라는 폭풍우가 몰아쳤다. 그대로 엉망진창이 되어버렸다. 교수님은 항상 수업 시간 때 명언을 해 주곤 하셨다. 그럴 때마다 깊은 감동과 감사, 존경의 마음이 자연스레 일었다. 이번에는 평소 느끼던 느낌의 x 곱하기 1억 배를 느꼈다.

사람의 부정적인 감정을 사르르 녹이는 말이란, 아마도 그 감정이 왜 생겼는지, 그 배경에 귀 기울이고 공감해 주는 데서 오는 것 아닐까.

나는 그 귀한 경험을 했다. 그리고 처음으로 이런 생각이 들었다.

'나는 정말 운이 좋은 사람이구나.'

그동안 내 마음속 깊숙이 자리 잡고 있던 슬픔, 분노, 서러움, 한탄. 회사에서 자존감을 갉아먹는 말들을 듣고도 묵묵히 일했던 시간들. 그 감정들이 나를 부정적인 감정 빙하로 꽁꽁 얼어붙게 만들었다. 그러나 교수님의 말은 그 위에 따뜻한 비처럼 내렸다. 눈물이라는 비가 얼음을 녹이고, 그 위에 무지개가 뜰 수 있다고.

어느 교수님이 제자에게 "존경하고, 사랑한다"고 말해줄 수 있을까.

그 말을 들을 수 있었던 나는 정말 행운이었다. 자기 전까지, 지금도 이 글을 쓰며 눈물을 흘리고 있다. 잠잠해졌다가도 그 문장을 다시 떠올리면, 나도 모르게 눈에서 주룩주룩 비가 내리고 있었다. 하지만 이제는 안다. 수많은 눈물이 흐르고 난 뒤, 눈두덩이의 먹구름이 걷히면 그 위에 무지개가 반드시 뜰 거라는 걸.

5

당신에게도 기적이?

고단한 시기를 통과하던 어느 날, 나는 간절히 바라는 변화가 있었다. 그 무언가를 고치고 싶었다. 삶의 고장 난 나사를 찾아 돌리고 싶었다. 그러던 중, 상담 수업을 통해 '기적 질문'이라는 개념을 처음 알게 되었다.

'당신이 밤에 잠이 들었을 때 기적이 일어나서, 상담을 받으러 온 문제들이 모두 사라졌다고 상상해 보세요. 당신이 잠든 사이에 일어난 일이기에, 당신에게 기적이 일어났는지 모릅니다. 그런데 아침에 일어나서 지난밤에 기적이 일어났다는 것을 알 수 있었어요. 무엇을 보면 기적이 일어났다는 것을 알 수 있었을까요?'

눈을 감고 천천히 상상해보았다. 내게 일어난 기적은, 우울이라는 안개가 말끔히 걷히는 것이었다.

나는 어떤 장면을 보면 기적이 일어났다는 걸 알아챌 수 있을까?

무엇이 달라졌을까?

거실 책상에 앉은 아침의 나. 책상 너머 베란다는 더 이상 어두운 유혹의 통로가 아니었다. 그저 아침 햇살이 반짝이는 창이었다. 눈을 떴을 때 머릿속은 맑았고, 다이어리 속 하루를 설계하며 마시는 물 한 컵조차 달콤했다. 어제 치워둔 깨끗한 책상이 나를 다시 끌어안았다. 죽음보다 배우고 싶은 마음이 앞섰다.

유튜브 알고리즘은 더 이상 나를 유혹하지 못했다. 그 대신 책상 오른편에 꽂힌 책들이 나를 향해 조용히 손짓했다. 그중 《데일 카네기 인간관계론》은, 마치 "오늘은 나를 펼쳐봐" 하는 듯했다. 몇 장이라도 천천히 읽고, 한 구절 한 구절 마음에 쌓아간다. 짧은 메모를 남기며 삶을 되돌아보고, 새로운 생각의 물줄기가 가슴속을 맑게 적셨다.

미래의 건강을 위한 운동도 빼놓지 않는다. 공복에 흐르는 땀은 마치 오래된 감정의 노폐물을 씻어주는 듯했고, 러닝머신 위에서 뛰는 나는, 오랜 무력감이라는 굴레를 벗고 조금씩 날아오르는 듯했다. 어느새 1시간. 출근 전 아침이 이렇게 가득 찼다. 감사한 마음으로 옷깃을 여미며 집을 나선다.

건강한 물을 마시고, 건강한 물(땀)을 흘리고, 마음에는 지식이 채워졌다. 이 두 시간은 내 하루의 새벽 미라클, 작지만 강력한 기적이었다.

그렇게 무의식의 속삭임을 따라 내가 바라는 하루를 조용히 중얼거렸다.

그리고 눈을 뜨는 순간, '이건 그냥 상상이 아니야.' 내 안에서 분명한 무언가가 깨어나고 있었다. 좋은 에너지가 마치 따뜻한 담요처럼 온

몸을 감쌌고, 앞으로 내가 얼마나 달라질 수 있을지, 그 가능성에 대한 설렘이 가슴 한쪽을 찡하게 울렸다.

이 글의 초고는 2022년에 썼다. 그리고 지금의 나는 그때 상상했던 기적의 하루를 90% 이상 살아내고 있었다. 새벽 6시에 일어나 스쿼트, 타바타, 러닝 30분, 근력운동으로 땀을 흘리고, 감사 일기와 명언 필사로 마음의 근육을 단련한다. 아침마다 내가 느끼는 모든 부분에 감사함이 넘쳐흐르고 있다.

《세이노의 가르침》을 읽으며 문장 하나하나를 마음에 새긴다. 영어는 아직 습관이 되지 않았지만, 어플로 꾸준히 연습 중이다. 이사 후엔 환경에 맞게 아침 루틴도 조금씩 달라졌지만, 명상, 요가, 확언, 독서로 채워가고 있다. 그날 상상했던 기적은 이미 내 삶의 일부가 되었다. 사람은 결국, 상상한 대로 살아가는 존재일지도 모른다. 희망이라는 씨앗을 품고 꾸준히 물을 주다 보면, 어느새 그것은 언젠가 내 삶이라는 정원에 꽃을 피울 것이다.

나는 믿는다.

이렇게 가랑비에 젖듯 조금씩,

우울이 사라지는 기적은 계속될 것이라는 것을.

6

잃어버린 희망을 찾아서

"희망"이라는 단어에 대해 생각해 보는 심리상담 수업 시간. 그 단어를 듣는 순간, 숨이 턱 막혔다. 머릿속도 멍해졌다. '희망'이 뭘까. 나는 쉽사리 대답할 수 없었다. 답답한 마음에 흰 천장을 멍하게 바라보았다. 분명 기적 질문으로 희망찬 에너지를 한가득 받았다. 지금, 이 순간을 잘 살아낼 힘. 고통을 견딜 수 있게 해주는 에너지 등, 희망의 긍정적인 의미를 그나마 마음 한켠에 품고 살아온 것 같다.

그러나 왜 그런지 모르겠지만, 다시 돌아갔다. 마음의 하늘이 크게 무너져 내리고 나서, 손톱만큼 빛나고 있었던 그 희미한 반짝거림마저 회색빛 안갯속으로 깊숙이 꼭꼭 숨어버렸다. 그저 하루하루 살아가는 하루살이 느낌으로 살고 있었다.

이런 상태에서 희망에 관한 심리 수업을 듣고 있었다. 교수님은 다른 학우들에게 똑같은 질문을 던지셨다.

"여러분, 여러분에게 희망이란 무엇인가요?"

A 님 "오늘은 비록 힘들지라도, 더 나아질 내일의 '나'를 꿈꾸는 것"

B 님 "지금, 여기, 이 순간 감사하는 마음을 가지는 것. 희망."

C 님 "상처받은 치유자가 되는 것. 제 글을 읽고 비슷한 위로를 줄 수 있는 것. 그것이 나에게 희망이다."

D 님 "지친 하루 살면서 최소 한 번 웃을 수 있는 것."

다른 선생님들이 막힘없이 자신만의 신념을 표현하는 모습을 보며, 내심 위축되었다. 그 어려운 심오한 정의를 거침없이 내리시다니.

수업이 끝나고, 침대에 몸을 파묻었다. 눈을 감으니, 깜깜한 밤이 보이면서, 희망이라는 단어가 머릿속에서 떠나질 않았다.

'잃어버렸던 희망을 어떻게 다시 찾아 나설 수 있을까?'

며칠 전, 주변 지인이 감사 일기라도 써보면 마음이 좋아질 것이라고 권해주신 것이 떠올랐다. 다음 날 아침, 빈 종이에 감사 일기라도 한번 써보자며, 눈을 감았다.

어스름한 햇빛이 떠오르는 새벽, 자기 전에 생각한 잃어버린 희망을 찾기 위해, 빈 종이를 펼치며, 볼펜을 들었다. 감사… 무엇에 감사를 느낄 수 있을까? 아무것도 떠오르지 않았다.

억지로라도 적어보자, 그렇게 생각하며 떠올린 건 내 몸이었다.

'다리가 온전함에 감사합니다. 볼펜으로 글씨를 쓸 수 있도록 손가락이 온전하고 아프지 않음에 감사합니다.'

신체 부위 하나하나에 대해 생각하자, 건강하게 존재하고 있다는 사실이 새삼 고마웠다. 그 외에 많은 내용의 감사들이 생각나지 않았지만,

작은 발걸음이 큰 걸음을 만들어내리라 믿으며 천천히, 그러나 꾸준히 나아가 보기로 했다.

　감사 일기를 어떻게 쓸지 더 고민이 되었다. 다른 사람들은 어떻게 쓰면서 살아갈지, 그 사람들과 공유하면서 감사의 에너지를 교류하면 참 좋을 것 같았다. 감사 일기 쓰는 커뮤니티에 들어갔다. 다른 사람들이 쓴 감사 일기 내용을 보았다. 삶을 살아가면서 맞이하는 화, 짜증의 감정을 마주해도, 감사의 관점으로 바라보는 부분이 신선했다. 그들의 인증 내용을 참고삼아서 나에게 적용할 수 있는 부분이 무엇일지 생각해 보기도 했다. 조금 더 성장하고 싶다면, 벤치마킹하라고 하던데, 감사도 똑같은 듯했다. 좋은 감사 내용은 필사하면서 내 감사의 깊이를 한 스푼 더 해 보았다. 처음엔 와닿지 않았던 말들이, 언젠가 내 것이 되기를 바라는 마음으로 차근차근 조금씩 해나갔다. 계속하다보면 마음도 건강해지고, 잃어버린 희망을 찾는 모험을 잘 해낼 수 있겠지.

7

삶이 너무 허망해요

"삶은 너무나도 허망해. 왜 살아야 하는 걸까? 그냥 죽어도 나는 괜찮을 것 같아."

가끔 스트레스를 심하게 받을 때면, 이런 생각이 들곤 했다. 하지만, 유독 최근 6개월간 우울을 심각하게 겪는 동안, 매일 너무 울어서 퉁퉁 부은 눈으로 하늘을 바라보며, 무심코 한마디를 자주 던졌다. 하늘에도 던져보고 사람에게도 고민 상담을 했다. 9년을 함께한 남자친구와 허심탄회한 이야기들을 무수히 많이 했지만, 이번엔 정말 심각했다.

그는 내가 이런 감정이 왜 생겼는지에 대해 주목하며, 내 이야기를 들어주려고 했다. 화가 났지만, 마음속으로 꾹 참았던 에피소드, 회사에서 벌어진 일들 때문에 퇴사 마려웠던 이야기들, 많은 사람이 겪는 스트레스이지만, 나는 유독 그 스트레스를 버틸만한 강한 마음이 없었기에…. 모든 걸 포기하고 싶었던 마음이, 결국 그런 말로 터져 나온 것 같았다.

사실 진짜 죽으려고 하는 사람은 다른 사람에게 자기가 죽는다고 말하지 않는다. 쥐도 새도 모르게⋯. 아무도 모르게 하늘나라로 가려고 시도한다. 내가 왜 이런 말을 미래를 함께 약속한 남자친구에게 공개적으로 했을까. 그때는 '그가 날 싫어하게 되진 않을까?' 하는 걱정을 할 여유조차 없었던 것 같다. 죽고 싶다고 말했지만, 사실은 죽고 싶지 않았던 나. 그날, 처음으로 진심을 담아 그런 말을 꺼낸 뒤에야, 나는 비로소 내가 왜 그런 감정에 휩싸였는지를 천천히 들여다보게 되었다.

죽고 싶다고 말하는 사람들 중 많은 이들은, 사실 괴로움 속에서 '살려달라'는 절규를, 그저 '죽고 싶다'는 네 글자에 담아내는 것일지도 모른다. 나도 그러했다. 하지만, 이야기를 들어주는 남자친구의 경청 특효약은 며칠을 가지 못한 것이 아쉬웠다. 왜 그랬을까.

"오늘은 지혜 선생님께서 근황 말씀해 주시고, 질문해 주시겠어요?"

나에 대해서 더욱 알아보려고 시작한 심리상담 스터디. 심리에 깊이 배우고, 내 상황을 적용하는 것들이 신기하고, 재미있었다. 하지만, 밤 9시부터 12시까지 집중해서 듣는 이 즐거운 3시간 외에, 주변 상황들은 나를 더욱 힘들게 만들었다. 꿈속에 즐겁게 있다가, 악몽 같은 현실로 되돌아가는 느낌. 절대적으로 내뱉으면 안 될 것 같은 그 한마디를 심리상담 스터디에서도 내뱉어 버렸다.

"삶이 너무 허망해요. 살아갈 이유를 잘 모르겠어요."

갑자기 깊은 곳에서 고요하게 잠들어 있던 호숫물이 크게 요동치며 파도를 만들어 냈다. 자연스럽게 파도가 눈과 코를 덮쳤다. '아, 잘못 말했다. 왜 속에 있는 말을 내뱉었을까.' 갑자기 심각한 분위기로 흘러가는 정적 속에서, 심각한 상태를 눈치챈 심리상담학과 교수님께서는 차분한 목소리로 내게 말을 건네셨다.

"지혜 선생님 더 말씀해 주시겠어요?"

교수님께 최근에 있었던 일들과 지금의 감정들을 모조리 다 털어냈다. 처음에는 괜찮아졌다고 생각했다. 지푸라기들을 잡고 하나씩 해나가고 있었으니까. 하지만 가끔씩 마음이 한꺼번에 요동칠 땐, 그 감정을 어떻게 다뤄야 할지 몰랐다. 설명할 수도, 붙잡을 수도 없는 감정의 소용돌이가 밀려 올 때마다, 나는 다시 무너졌다.

교수님께 있는 그대로 털어놓고 나니, 무언가 가벼워지리라 기대했었다. 누군가 내 말을 진심으로 들어주고, 공감도 해 주었으니까. 그러나 상담이 끝나고, 침대에 누워 천장을 바라보며 문득 그런 생각이 들었다. '그래도 결국, 아무것도 바뀌지 않았다.'

누군가 내 이야기를 들어주는 것만으로는 충분하지 않았다. 남자친구도, 상담 교수님도. 주변 지인들도. 해결되지 않는 마음의 허기는 몸 어딘가에 보이지 않는 구멍이 나버린 듯, 아무리 채워도 새어나가기만 했다. 도무지 메워지지 않는 공허함은 여전히 나와 함께였다. 마치 길을 잃은 채로 깜깜한 어둠 속을 한없이 걷는 느낌이었다. 많은 말과 위로는 들었지만, 이상하게도 마음 한구석은 그대로였다. 감정은 여전히 풀리지 않았고, 이유 모를 슬픔은 나를 조용하고 깊게 잠식해 갔다.

어쩌면 나는 단순히 '살고 싶지 않다'가 아니라, '어떻게 살아야 할지 모르겠다'라는 말이 하고 싶었던 걸까. 정답을 찾지 못한 채, 그렇게 나는 또 하루를 버텨낸다.

8

내 장점 도대체 뭐냐고

"자신에 대한 장점을 10개 이상 써보는 걸 해 보아요."

이번 심리상담 수업의 키워드는 장점이었다. 정말 어려웠다. 도대체 어떻게 써야 할까. 숫자 1을 적고, 점 하나만 찍은 채 멈췄다. 과연 나에게 장점이란 게 있기나 할까? 빈 A4용지에 덩그러니 쓰여 있는 숫자와 점. 처음부터 막힌다. 장점이라…. 능력에 대한 것 말고, 나에 대한 것을 적으라고 하시니, 너무 어렵게 느껴졌다.

장점이 떠오르진 않았지만, 문득 예전에 남자친구가 해준 말이 생각났다. 내 눈이 떠올랐다. 쌍꺼풀이 있으면서, 눈이 크다. 그리고 밝은 빛이 눈동자에 비치면, 약간은 밝은 브라운 빛이 도는 눈동자를 가지고 있다. 그는 내 눈을 바라보고 있으면, 기분도 좋고, 너무 예뻐서 사랑에 빠져버린다고 말해주곤 한다. 그의 마음을 사로잡았던, 동그랗고 예쁜 내 두 눈.

'그래. 일단 겉모습부터 시작해 보는 거야.'

'1. 내 눈은 예쁘다.'

1번의 문장을 겨우 채웠다. 그동안 별로 예쁘다고 생각해 본 적도 없고, 오히려 싫어했던 내 눈. 그런 눈을 처음으로 장점이라 여겨보기로 했다. 겨우 하나를 썼을 뿐인데, 자연스레 신체 구석구석을 다시 들여다보게 됐다. 염색도 하지 않았는데, 염색한 것 같이 밝은 갈색의 머리카락 색. 튼튼한 허벅지. 온전히 가지고 있는 두 손가락, 두 발가락. 등등.

이번엔 성격이나 마음속 장점도 떠올려 보았다. 과연 뭐가 있을까? 경청을 잘한다. 칭찬을 잘 한다. 노래를 열심히 부른다. 머리를 짜내며 성격, 습관, 태도 같은 것들을 떠올려 억지로 10가지를 채워 나갔다.

'내 장점 찾기는 어렵지만, 막상 찾으니까 있기는 있네?'

이렇게 적고 보니, 몸과 마음에 대해 그동안 얼마나 무심했는지를 처음으로 자각한 순간이었다. 교수님은 이런 걸 나한테 깨닫게 해 주고 싶으셨을까. 힘들었던 마음의 목록은, 장점을 한 줄 한 줄 써 내려갈 때마다 서서히 흐려졌다. 도대체 내 장점이 뭐냐고 속으로 소리치던 날들이 지나고, 언젠가는 사근사근한 목소리로, 내 장점을 또박또박 말할 수 있을 것만 같은 작은 희망이 조용히 마음속에 피어오른다.

9

베란다 아닌 정문으로 나가기

 가까스로 침대에서 일어났다. 오늘 아침, 눈뜨자마자 꿨던 꿈의 잔상이 뇌리에 진하게 남아 있었다. 시계는 07시 05분. 새벽 6시에 일어나겠다는 결심은 산산이 부서져 있었다. 지금 준비해도 늦은 시각. 그때, 문득 하나의 생각이 스쳐갔다.
 '지금 이 시각, 베란다로 뛰어들면 나는 어떻게 될까.'
 그 충동은 번갯불처럼 번져 나갔다. 왜 이런 생각이 또 다시 들었을까. 장점 쓰기, 기적 질문, 감사 일기… 조금씩 나아지고 있다고 믿었다. 그러나 시선은 자연스럽게 베란다 난간 끝을 향했다. 잿빛 하늘. 비가 곧 쏟아질 것만 같은 오전. 오만가지 생각이 머릿속을 스쳐 지나갔다.
 '지금 이 상태로 떨어지면… 괜찮을까?'
 '앞으로 떨어질까, 뒤로 떨어질까?'
 '반려묘 냠냠이가 곤히 자는 틈에 그냥 뛰어내리면 어떻게 될까….'

'방충망을 닫고 떨어져야 할까? 그래야 냠냠이는 안 따라올 테니까.'

'이 아침에 떨어지면, 수소문을 통해, 가족과 회사에도 내 행동에 대한 연락이 가겠지. 나는 사라졌지만, 살아 있는 휴대전화는 그대로일 테고, 카톡방에는 숫자 1이 하나둘 쌓여가겠지.'

이 짧은 순간에도 내 머릿속은 매미처럼 요동치는 생각으로 꽉 들어찼다.

이 모든 상상이 스멀스멀 피어오르는 가운데, 나는 그냥 한숨을 쉬며 화장실로 향했다. 습관은 정말 무서운 것이었다.

변기에 앉아 문득 스친 생각.

'그래도 인바디는 재보자. 혹시 결과가 좋다면 기분이 나아질지도 몰라. 그것도 하나의 성취감일 테니까.'

실오라기 아무것도 걸치지 않은 채 인바디 체중계에 올랐다. 근육량은 0.1kg 늘고, 체지방량도 0.1kg 줄고, 체중은 0.2kg 늘었다. "나쁘지 않네." 마음 깊은 곳에서 투명한 기포 하나가 뽀글, 조용히 올라왔다.

'일단 씻어보자.'

'화장부터 해보자.'

'옷을 입고 나면 또 생각이 바뀔지도 몰라.'

'냠냠이 물은 갈아줘야지.'

'지금 몇 시지? 7시 45분. 늦었지만… 그래도 가야겠지.'

'차 타고 출근해야지.'

이렇게 하나하나, 생존의 단추를 천천히 꿰어나갔다. 티셔츠와 청바지를 입고, 겉옷을 걸쳤다. 책이 눈에 들어왔다. 눈앞에 있는 책들을 가

방에 챙겨 넣었다. 그리고 문 앞에 섰다.
 나는, 결국 베란다가 아닌 정문으로 나섰다.
 점심시간. 따뜻한 햇볕이 피부에 닿자, 천천히, 조심스럽게 나를 느끼며 걸었다. 움직임 하나하나가 소중하다는 감각이 다시금 되살아났다. 전에는 그냥 '걷는 것'이었는데, 오늘은 달랐다. 아침의 격렬했던 감정 탓일까. 회사에서 상사가 없을 때 몰래 흘린 눈물이,
 햇볕 아래서도 찔끔 나왔다. 남자친구에게도 괜히 티를 냈다. 카톡에 'ㅜ' 한 글자만 보냈는데, 이젠 말하지 않아도 안다. 착하면 척이다. 눈치도 빠르다. "다 털어놔"라고 말하지만, 그게 어디 말처럼 쉬운가.

오늘은,
베란다가 아닌 정문으로 나선 날.

질병처럼 아프게 지속되는 삶보다,
차라리 단숨에 죽는 게 낫지 않을까 싶은 날이 있다.
그런 날들이 매달 한 번씩은 어김없이 찾아온다.

그러나,
하루 속 작은 기쁨들을 놓치지 않고 발견할 수만 있다면
나는, 또다시
정문을 통해 나설 수 있을 것이다.

오늘처럼.
그렇게 아주 작은 기적 하나를
붙잡으며 살아가 본다.

10

우울함이 최고조

'지친 하루가 가고… 별빛 아래 두 사람… 서로의 그림자……♪'
　성시경의 부드럽고 따뜻한 목소리가 공간을 채우고 있었다. 심리상담 수업 전에 글 한 편을 써보려 노트북 앞에 앉아, 음악을 틀었다. 하지만 키보드에 손을 얹기도 전에, 의자에 앉은 지 1분도 채 되지 않아 시야가 뿌옇게 흐려지기 시작했다. 눈물이 가득 고여, 마치 내 앞에 작은 바다가 펼쳐진 것 같았다. 도대체 왜 그랬을까. 약간 감정을 북받쳐 오르게 하는 아름다운 노래인 건 맞지만, 첫 소절이 흘러나오자마자 그렇게 눈물이 쏟아질 정도는 아니었다. 무엇이 내 마음 한가운데를 툭, 건드린 걸까. 감정이라는 늪은 그렇게 조용하고 깊게 나를 끌어당겼다.
　그날, 한 시간 내내 울었다. 모니터 앞에서 두 눈을 가리고, 뺨을 타고 흐르는 눈물을 손등으로 훔치며, 콧물을 훌쩍거리다 결국 코까지 막혀버렸다. 귀 안은 멍멍하고, 머릿속은 텅 빈 듯한 공허함만 맴돌았다.

눈두덩이는 붉게 익은 사과처럼 부풀었고, 나는 코끝이 빨개진 개구리처럼 앉아 있었다. 이렇게 매일 밤 눈물을 흘린 지도 어느새 일주일째였다. 그날은 유독, 몸 안의 호르몬이 조용히 요동치는 날이었던 것 같다. 괜찮은 듯하다가도, 전혀 괜찮지 않은 날이 늘어나고 있었다. 그저 그런 날이었다.

수업을 진행하시는 교수님께서 내게 안부를 물으셨을 때, 나는 도대체 뭐라고 답해야 할까. 목소리는 제대로 나올까. 불안은 내 목을 조이고, 기분은 저 바닥 끝까지 가라앉아 있었다. 그래도 용기 내어 줌 수업에 들어갔다.

용기를 낸 보람이 있었던 걸까. 그 작은 용기 하나가 의외로 큰 빛이 되었다. 내 말에 세심하게 귀 기울여 주고, 한 문장 한 문장으로 나를 다독여 주시던 교수님. 마치 1:1 상담을 받는 듯한 그 짧은 대화 속에서, 나는 숨을 고르고, 나 자신을 다시 붙잡을 수 있었다.

그날 배운 심리학 이론이 마음을 통과해 작은 에너지로 흘러들어오기 시작했다. 나는 조금씩, 다시 나를 다독이며 수업에 몰입할 수 있었다. 그 시간이 지나고 나서 생각했다.

우울함이 최고조였던 그 순간, 그 교수님과 대화를 나누지 않았다면, 지금 이 글을 쓰는 나는 존재하지 않았을지도 모른다. 심리학 교수님께 너무 감사하다. 고요한 이해와 진심 어린 대화 한 조각이 깊은 절망을 조금은 편안한 바람으로 바꿔주기도 하니까.

예전의 나는 이런 감정의 물결을 인지조차 하지 못했다. 그저 무겁고 축축한 감정에 휩쓸리며, 나는 나를 잃고 살아가고 있었다.

하지만 이제는 안다.
괜찮다가도 안 괜찮은 이 감정의 소용돌이조차,
내가 조금씩 단단해지고 있다는 신호일지도 모른다는 걸.

계절처럼 예고 없이 찾아오는 울적함조차 조금은 느긋하게 맞이할 수 있는 사람이
되어가고 있는지도 모르겠다.
정말…
그럴 수 있겠지?

03

내가 되고 싶은 것

"완벽해지려는 나도,
그 완벽함에 무너지는 나도,
모두 나다."

1

새해를 맞이하는 자세

내 기분과는 다르게, 시간은 유난히 빠르게 흘렀다. 어느새 새해가 성큼 다가와 있었다. 몸과 마음은 여전히 축 처져 있었지만, 오늘 하루만큼은 집 근처 전통찻집에 가서 팥죽 한 그릇으로 마음을 달래고 싶었다. 그리곤 힘들었던 과거를 살포시 덮어두고, 새로운 한 해를 향해 작게나마 의지를 다져보고 싶었다. 카페에 도착하자마자, 부스럭거리며 한가득 챙겨 온 짐들을 펼쳤다. 파스텔톤 형광펜, 다이어리, 몇 장의 메모지. 테이블 위를 나만의 작은 작업대로 만들고 나니, 제법 그럴듯해 보였다. 결연한 마음으로 다이어리를 펼쳤다. 사실, 예쁘게 꾸미지는 못하지만 형광펜을 바꿔가며 한 줄 한 줄 써내려가는 이 행위는 마치 내 엉덩이를 토닥이며 "그래, 잘하고 있어" 하고 말해주는 듯한 작은 응원처럼 느껴졌다. 그래서 이 시간은, 쉽게 포기할 수 없는 의식 같은 것이었다.

많은 이들이 다이어리를 새로 사며 새해를 맞이하듯, 나도 12월이 되자마자 야심 차게 다이어리를 하나 장만했다. 이름하여 PDS 다이어리 ― Plan. Do. See. 수많은 다이어리를 거쳐왔고, 그만큼 많은 실패도 있었지만 이번만큼은 왠지 1년을 함께할 수 있을 것 같은 예감이 들었다. 지금까지는 계획하고, 실행하는 데 집중하느라 정작 '되돌아보기'는 하지 못했다. 이번엔 '되돌아보기'라는 작은 루틴 하나를 더해보기로 했다. 과거의 나를 정리해보고, 현재의 나를 다잡아보는 시간. 마침 유튜브 채널 '스터디언'에서 운영하는 카카오톡 방에 참여하게 되어, 다른 사람들의 반성과 다짐을 함께 엿보는 것도 큰 자극이 되었다.

팥죽 한 숟갈을 삼키고, 다이어리의 첫 장을 넘겼다. 왼쪽에는 Look Back, 오른쪽에는 Look Forward. 페이지를 마주하는 순간, 그 하얀 격자무늬가 거대한 벽처럼 나를 압도했다. 무엇부터 써야 할까. 손끝이 망설였다. 그러다 친절한 유튜브 영상 덕분에 타인의 예시를 참고하듯 따라 적어 내려가다 보니 불안은 서서히 가라앉고, '해낼 수 있을 것 같은 용기'가 마음 한켠에서 피어올랐다.

Look Back.
작년 한 해를 돌아보며, 이루어낸 것과 이루지 못한 것, 그리고 다시 도전해야 할 것들로 정리했다. 기억을 따라가며 쓴 리스트엔 힘들었던 한 해였음에도 꽤 많은 일을 해냈다는 게 믿기지 않았다. 여러 모임을 통해 새로운 사람들과 연결되었고, 수많은 강의들을 들으며 머릿속엔 지식이 조금씩 쌓였다. 하지만, 가장 중요한 것. 건강은 놓치고 있었다.

'운동한다, 운동해야지.'

입으로만 외치다 보니 어느새 1년이 훌쩍 지나 있었다. 갑작스럽게 마주한 불룩 나온 뱃살, 지쳐가는 체력, 자주 찾아오는 감기. 삶의 기반은 결국 건강이었다. 뭐니 뭐니 해도 건강이 최고이기에 올해의 목표 1순위는 다시 건강으로 정했다. 글로 정리해보니, 머릿속에 흩어져 있던 생각들이 하나둘 모여 몸통을 이루는 느낌이 든다.

'역시, 생각만 하지 말고 글로 적어야 실체가 보이는구나.'

글로 적고 시각화된 문장이, 조용히 나를 툭툭 두드리며 현실을 자각하게 만들었다.

Look Forward.

올해의 목표는 크게 세 가지로 정했다.

1순위 건강, 2순위 성장, 3순위 투자.

1순위는 정신적, 육체적 건강 모두를 포함한다. 정신적 건강을 위해 명상, 아침 확언, 스트레칭과 요가, 감사 일기, 그리고 독서와 글쓰기를 일상의 루틴으로 삼기로 했다. 육체적 건강은 러닝(30~40분), 근력 운동, 발레, 건강한 식습관을 실천 계획에 담았다.

'나 자신을 가장 단단한 버전으로 만드는 것'이 올해의 첫 번째 미션이다.

2순위는 성장.

'내가 진짜 좋아하는 건 뭘까?'

'돈이 되지 않아도 하고 싶은 일은 무엇일까?'

그 질문에 답을 찾기 위해 콘텐츠 구상부터 시작하기로 했다. 매일 아침 하나의 아이디어를 정리하고, 스토리보드, 장면, 음악, 편집까지 단계별로 하나씩 구체화해보고자 한다.

3순위는 투자(재테크).

결혼하고 싶다는 마음은 분명했지만, '돈이 없어서 못 해'라는 말은 더 이상 핑계로 남기고 싶지 않았다. 남들은 돈 필요 없다고, 카드 빚내서든 대출이든 다 빚내서 시작하는 거라고 조언들을 해주셨지만, 나는 그러고 싶지 않았다. 이미 빚이 많았기에….

그래서 빚으로 시작하는 인생 대신, 제로에서 다시 시작하기로 했다. 쓰다 포기한 가계부를 다시 열고, 소비 흐름을 점검하면서 저축, 소극적 투자, 적극적 투자까지 하나씩 공부하고 실천해보기로 했다. 목표는 크게! 분명하게! 총 순자산 1억. 2~3년 안에 현실로 만들겠다는 각오로 시작한다.

그러나, 목표를 세우는 것보다 더 중요한 건, 하지 말아야 할 것을 하지 않는 것. 방해 요인을 피하는 일. 그것이 진짜 싸움이었다.

수면욕, 침대와의 강한 유대감,

게으름, SNS의 끝없는 늪, 드라마 정주행,

주의 산만함, 과도한 불안, 그리고 우울감.

이것들을 '방해의 무리'라 이름 붙이고, 그에 맞서는 전략을 세웠다.

다음 날의 계획을 미리 적어두고,

일찍 자고, 손끝부터 꼼지락거리며 침대 밖으로 굴러나오는 것.

일이 많아 부담될 땐 잠시 물러서 '전환'이라는 우회로를 찾기로 했다.

'원씽'이라는 책처럼, 다시 하나에 집중하기.

100% 완벽할 순 없겠지만, 시행착오 속에서도 자라는 것이 성장이라 믿는다.

오늘도 믿고, 다시 도전한다.

계획의 마지막 장에 귀여운 고양이 스티커를 붙이며 오늘 나의 멋진 새해 다짐을 마무리했다.

묘하게 좋은 예감이 들었다. 이대로라면, 성공의 궤도에 오를 수 있을 것만 같았다. 마치, 매주 토요일마다 로또 명당에서 복권을 사는 사람처럼. 이번엔 왠지 당첨될 것만 같은 그런 기분. 마음속에서는 아드레날린이라는 이름의 분수가 솟구치듯 터져 나왔다. 그 설레는 기운을 안고, 나는 눈을 감았다.

내일의 나를 조금 더 믿어보기로 하면서.

2
―

미친 여자가 되고 싶다

유튜브 알고리즘이 불쑥 하나의 영상을 던져주었다. 아침, 눈을 뜨자마자 홀린 듯 그 영상에 빠져들었다. 직업은 변호사. 하지만 그녀는 새벽 4시에 일어나, 출근 전까지 독서와 운동, 그리고 본업과 전혀 상관없는 자격증 공부까지 해내는 사람이었다.

김유진 변호사. 새벽 4시의 여인.

그녀를 바라보며 나는 멍하니 천장을 올려다보았다. 목 스트레칭을 핑계 삼아 가슴 위에 손을 얹고, 하얗게 먼지 낀 천장을 바라보다가, 문득 이런 생각이 들었다.

"나는… 어딘가에 한 번이라도 미쳐본 적이 있었을까?"

내 인생은 늘 넓게 퍼진 수면 위를 찔끔찔끔 적시는 빗방울 같았다.

운동은 달리기, 헬스, 수영, 복싱, 크로스핏, 스쿼시, 플라잉요가, 요가, 배드민턴, 줄넘기, 홈트, SNPE까지.

공부는 회계, 한국 주식, 미국 주식, 부동산, 마케팅, 릴스 만들기, 영상 편집, 인스타그램, 유튜브, 일러스트, 경매, 공매, 스피치, 콘텐츠 기획, 스마트스토어, 블로그 체험단…

외국어는 영어, 프랑스어, 일본어, 중국어.

그리고 심리학, 토익, 한국사, 독서까지.

그리고 다이어트는, 말하자면… 365일 도전 중.

남들이 하는 건 거의 다 해본 듯하다. 하지만 문제는, 나는 프로 작심한 달러였다. 길어야 두세 달, 그 열정은 휘발유처럼 순식간에 증발해버렸다.

시작할 땐 분명히 뜨거웠다.

"이번엔 진짜다!"

"이것만큼은 끝까지 해볼 거야."

그렇게 다짐했지만, 얼마 지나지 않아

"해봐야 뭐가 달라지겠어."

하는 체념이 스멀스멀 마음을 잠식해왔다.

내가 진심으로 열정을 쏟아부은 적은 많았지만, 그 열정이 오래 머문 적은 거의 없었다. 불붙은 장작이 아니라, 순간 타올랐다가 재가 되어 사라지는 마른 종잇장 같은 열정이었다.

배우는 건 좋아한다. 도전하는 그 순간엔 확실히 몰입한다. 하지만 지나고 보면, 머릿속엔 남아 있는 게 하나도 없다. 깨끗하게 지워진 칠판처럼, 내 머리는 말끔했다. 무언가를 배웠다는 흔적이 남지 않은 상태.

나는 늘 배움의 흔적은 많은데, 자산은 없는 사람이 되어 있었다. 배움에 대한 욕심은 많았지만, 손에 쥔 건 늘 허전했다.

내가 지나온 키워드들을 한 줄로 쭉 적어보았다. 정말 많은 걸 했다. 어쩌면 이 중 하나만 수년간 팠다면 지금쯤 나는 그 분야의 달인, 장인, 고수가 되어 있지 않았을까? 솔직히 지금 쓰고 있는 이 글조차 얼마나 오래 쓸 수 있을지 자신이 없다.

어쩌면 누군가는 이 글을 읽으며 이렇게 말할 것이다.

"너는 무의식적으로, 스스로에게 '넌 못해'라는 주문을 계속해서 속삭이고 있으니까. 넌 그것밖에 안되는 거야."

맞다. 그렇게 말할 수 있다. 부정적인 생각이 꼬리에 꼬리를 물고 내 머릿속을 산책하는 일은 이제 일상이 되어버렸기에... 어쩔 수 없다는 변명밖에 생각나지 않는다. 시시때때로 흔들리고, 갈대처럼 방향 잃은 마음 위로 정신적 허기가 내려앉았다. 그리고 그 허기는 무기력이라는 이름으로 나를 감싼다. 이제, 하나에 미치고 싶다. 김유진 변호사처럼. 미친 루틴을 반복하며, 그 안에서 꾸준함을 마주하고, 깊이를 쌓고, 나만의 경지에 도달해 보고 싶다.

어디에 미쳐야 할까. 무엇 하나에 몰두해, 그 안에서 날 태워보고 싶다.

단단하고 뜨겁게. 지치지 않고, 질리지 않고, 나를 심리적으로 기쁘게 하고, 한없이 몰입하게 만들 무언가.

나는, 미친 여자가 되고 싶다.
'나'라는 본질에 깊이 몰두하고,
끝까지 밀고 나갈 수 있는 여자가.
그리고 그 미침의 끝에서
진짜 나를 만나고 싶다.

3

도파민이 넘칠 땐 카톡방도 넘치지

　책상 앞에 앉아 노트북을 열었다. 그 순간, 눈이 먼저 향한 곳은 PC 카카오톡 창. 수많은 단톡방이 길게 늘어져 있었다. 하나, 둘… 스물둘? 나는 동시에 22개의 방을 넘나들고 있었다. 그제야 문득 깨달았다. 퇴근 후에도 숨 쉴 틈 없이 바빴던 이유가 여기에 있었다.

　어떤 방에서는 조용히 정보를 얻는 유령회원으로,

　어떤 방에서는 활발히 소통하며 아이디어를 주고받는 참가자로.

　삶을 알차게 살고 싶다는 작은 신념의 씨앗은 디지털 바람을 타고 민들레처럼 퍼져 나간 결과일지도 모른다. 유익한 모임이라면 주저 없이 들어가고, 끌리는 활동이라면 망설임 없이 시작하는 성격 탓에 카톡방도, 머릿속도, 휴대폰도 정신없는 회전문처럼 돌아가고 있었다.

아침 6시.

"자, 모두 스트레칭으로 시작합시다~!"

새벽 운동 카톡방이 열리는 시간. 줌 화면에 15명의 사람들이 모인다. 스트레칭으로 몸을 깨우고, 운동밴드를 다리에 찬다. 스쿼트, 사이드 런지, 변형 동작까지 5세트. 단 30분, 앉았다 일어섰을 뿐인데 허벅지와 엉덩이가 불타오른다. 땀이 줄줄 흐르고, 허벅지와 엉덩이가 탄탄하게 변해가는 느낌은 나를 웃음이 터지게 만들었다. 좋은 도파민이 흐르는 시간.

아침 6시 30분.

운동이 끝나자마자 타바타 줌방으로 이동. 분 단위로 쪼개 쓰는 아침, 숨 가쁘지만 알차다. 월초 40명으로 시작했던 이 방은 월말이면 절반 이하로 줄들었다. 그 50% 안에 들었다는 사실만으로 오늘의 나를 토닥인다.

말없이 같이 운동을 함께 하면서도 좋은 영향력과 긍정적인 기운을 서로 줄 수 있다는 것이 너무나도 감사한 하루. 평일만이라도 매일 6시에 일어나서 스쿼트 하는 습관 정착되고 싶어 시작했다. 아직 완벽하게 습관화되어 있지는 않지만, 그래도 계속 의식적으로 강제성이라도 만들어 꾸준히 반복하는 그 의식이 나에게는 작은 성취이자 큰 위안이다.

아침 7시.

운동을 마치고 마시는 따뜻한 물 한 컵. 몸에 번지는 개운함은 보이지 않는 금메달처럼 소중하다. 물컵을 들고 타임스탬프 앱으로 인증샷. 카톡방에 사진을 올리고, 샤워하러 향하는 길엔 콧노래가 절로 흘러나온다.

아침 7시 20분.
샤워를 마치자마자 카메라를 켠다. 스킨로션을 바르는 모습을 영상으로 찍는다. 뷰티 카톡방에서 공유된 페이스 요가와 마사지를 따라 하며, 찍은 영상을 5배속으로 편집해 인증밴드에 올린다. 짧지만 꾸준한 습관. 피부과에 갈 시간은 없어도, 습관 속에서 아름다움을 지키고 싶었다. 가랑비에 옷 젖듯, 꾸준함은 가장 단단한 무기가 될 것이다.

아침 7시 30분.
글쓰기 모임 카톡방. 매일 아침, 감사일기와 필사 인증 가이드가 올라온다. 짧은 문장이지만 매일 감사의 마음을 꺼내어 적는다. 정신적으로나 신체적인 반응으로 좋은 점을 몸소 많이 느끼고 있다. 출근길의 무기력 대신, 이 습관은 나에게 뿌듯함과 안정감을 남겨준다. 작은 문장이 나를 단단하게 만들어 주었다.

아침 8시.
출근길, 주식 스터디 카톡방에 접속한다. 몇 년째 하루도 빠짐없이 시황 뉴스를 공유해주는 분이 있다. 안 좋은 사건 사고들로 마음을 침울하게 만들기보다는 경제, 문화쪽으로 주로 보게 된다. 스크린 뉴스 너머로, 언젠가는 종이신문의 바스락거림 속에 담긴 세계도 읽어내는 눈을 갖고 싶다. 세상을 읽는 눈도, 꾸준함 위에서 길러지길.

오전 10시.
5년째 인연이 이어지는 지역 독서 모임 단톡방. 오늘은 한 회원이 이번 달 책의 문장들을 공유해주었다. 그 몇 줄 덕분에 책장을 펴지 못했던 스스로를 돌아봤다. 오프라인에서 만나서 이야기 나눌 부분들을 정리해야지. 모임에 계신 발레 선생님 덕분에 팀원들 모두 발레 운동도 하고 있다. 책도 읽고, 발레도 함께하며, 토요일 7시 아침마다 스타벅스에서 이어지는 정기 모임. 좋은 에너지와 열정을 듬뿍 받아오기에, 계속 이 단톡방에 머물러 있는 이유이기도 하다.

오후 3시.
온라인 캠퍼스로 만나 이번 달 빵 만들기 봉사 모임 카톡방.
누군가 티셔츠에 새긴 로고 사진이 올라오고, "와, 예뻐요!"라는 반응이 이어진다. 칭찬 이모티콘들이 줄줄이 달린다. 그 호응 속에서 나도 같이 칭찬 호응을 해 본다. 달마다 특별한 행사를 만들어 함께하는 모임인데, 이번 달은 적십자 빵 만들기 봉사. 나는 미혼이지만, 아이와 함께 참여하는 가족들을 보며 혼자서도 따뜻하게 연결된다는 것을 느낀다. 작은 손길로 전해지는 큰 온기.

오후 5시.

릴스 제작 카톡방에서는 영상 편집에 대한 질문이 끊이지 않는다. 처음엔 배우려 들어온 방이었지만, 지금은 누군가에게 도움을 주기도 한다. 영상편집은 들으면 들을수록 매력이 넘치고, 재미있는 부분이 참 많아서 여기 카톡에 올라오는 내용도 꾸준히 읽게 된다. 인스타를 하면서 피드뿐만 아니라 1~2분 짧은 영상 제작에 관심이 많이 가게 되어서, 강의를 듣기 시작했다. 결국, 강의 후에도 많은 Q&A가 오가는 이 카톡방도 포기할 수 없어 이렇게 머물러 있다. 혼자서는 느리게 흘러가던 이해가, 함께일 때는 놀랍도록 빠르게 이어진다. 계속 붙어있어야지. 인스타그램은 매일 바뀌지만, 함께 있기에 뒤처지지 않는다.

오후 6시.

클린 식단 인증 시간. 새벽 6시 운동 카톡방에서는 오후쯤에도 문자가 부리나케 와있다. 자신들의 깨끗한 식사를 인증하기 위한 사진 문자들이다. 나도 같이 동참하기 위해, 샐러드를 시켜 먹어본다. 혼자선 건너뛸 수 있는 식사이지만 같이 한다는 의식이 하루 세 끼 중 한 끼를 더 건강하게 만들어 주는 것 같아 감사하다.

오후 9시.

저녁 운동 카톡방이 열린다. 하체, 밤엔 유산소와 전신 근력. 새벽 운동은 하체 중심의 운동이었다면, 저녁 9시에는 유산소와 근력운동으로 전신을 탈탈 털어주는 운동을 한다. 신나는 음악과 함께 율동처럼 몸을 움직이다 보면, 땀이 주르륵 흐르고, 함박웃음이 터진다. 운동 후, 다 함께 하트를 만들어 "사랑해요!"를 외치며 마무리. 샤워 후, 노곤한 개운함이 몸을 감싼다.

오후 10시 30분.

다이어리를 펴고 하루를 정리한다. 짧게 적은 한 줄이 쌓이고, 그 페이지를 사진으로 찍어 365일 다이어리 카톡방에 올린다. 매일 하긴 쉽지 않지만, 누군가의 기록을 보고 다시 자극받고, 다시 펜을 쥔다. 다른 이들의 기록을 참고해 나만의 다이어리 템플릿을 조금씩 만들어가는 시간이다. 매일 인증은 힘들지만, 하루하루 쌓이는 글자들이 내 삶을 채우는 조용한 벽돌이 된다. 나중엔 어떤 건축물을 만들어 내게 될까? 기대된다.

그리고 내일, 나는 다시 스쿼트로 하루를 시작할 것이다.
오늘의 땀이 내일의 나를 만든다는 걸 믿으며.

4
―

잠들어 버렸다

　　울퉁불퉁 길을 모두 흡수하듯 흔들거리는 자동차의 덜컹거림을 느끼는 차 안이었다. 따뜻하게 입어서 약간은 덥게 느껴지는 몸 온도, 차 안의 따뜻한 공기. 이 모든 분위기는 오늘 열심히 일한 눈꺼풀을 무겁게 만들기에 딱 좋은 환경이었다. 퇴근길 카풀 차량 안에서 나도 모르게 잠들어버렸다. 정신없이 졸다가 도착한 우리 집. 꾸벅꾸벅 졸며 간신히 깨어 있으려 애쓰는 나를 보다 못한 과장님이 부드럽게 말했다.
　　"수고했어. 어여 가."
　　"과장님도 수고하셨어요…"
　　한껏 느려진 몸을 이끌고, 털래털래 온몸을 흔들며, 집으로 들어갔다.
　　오후 5시쯤, 퇴근 전 상사께서 사 온 샌드위치 반 조각 덕분에 배는 고프지 않았다. 곧장 운동복으로 갈아입곤 뻐근한 뒷목과 묵직한 어깨를 느끼며 마사지부터 시작하기로 마음먹었다.

　몇 달 전 구입한 SNPE 도구들—긴 마사지봉과 도깨비 손을 가지고 목덜미부터 복숭아뼈까지 구석구석 마사지했다. 거기에 재즈 음악까지 틀면서, 손엔 명상 수업 책을 들고, 몸과 마음을 동시에 풀어냈다.

　그러다가 1시간쯤 지났을까. 구석구석 풀었던 몸이 나른 해지기라도 하듯. 악마가 '8시 되기 전까지 8분 남았어, 너무 졸리면 8분만 자~'라고 머릿속에 속삭이는 듯했다.

　'요가 매트가 딱딱해서 어깨가 말리는 것 같아. 잠시…. 조금만, 진짜 조금만 푹신한 매트리스 침대에 누울까…. 춥기도 하니까 잠옷을 살짝 덮고 잘까…?'

　결국, 그 유혹을 이기지 못했다. 요가 매트에서 몸을 옆으로 돌려 태아가 엄마 배 속에 있는 자세로 몸을 웅크려 자기 시작했다. 단 8분만 자겠다는 다짐으로 시작된 요가 매트 단잠이 결국 밤 11시까지 180분의 깊은 잠으로 이어졌다. 정신을 차렸을 땐, 내가 혹시라도 못 일어날까 봐 남자친구의 부재중 전화가 10통이나 와 있었다.

　한동안은 정말 열심히 살고 있었다. 뭘 하든, 무엇을 하든 다 잘될 것만 같았다. 그런데 지금 하…. 자버렸다. 나는 그냥 자버렸다. 무거워진 눈꺼풀을 이기지 못한 나. 오늘 나를 이겨내지 못했다는 실망감과 죄책감의 파도가 나를 덮쳐버린 듯했다. 베란다 유리창 너머 별빛이 하나도 보이지 않는 어둠이 가득한 밤이 보였다. 내 미래처럼.

　'내 몸이 너무 힘들어했는데, 그걸 무시해서 이런 일이 벌어진 걸까?'

　돌이켜보면, 낮에 회사 1층에서 3층까지 7번이나 오르락내리며 온

몸이 땀에 젖었던 기억이 떠올랐다. 몸의 신호를 알아채지 못하고, 의지 하나로만 버티다가 이렇게 된 걸까. 힘들었던 몸을 일으켜 그나마 저녁에 운동하려고 노력했다는 것을 보기보다는 실천하지 못한 일들만 머릿속을 맴돌았다. 괜찮은 줄 알았는데, 이렇게도 쉽게 무너지는 나를 어떻게 다독이며 살아야 할까.

샤워 후 책상에 앉으니 생각이 많아진다. **빽빽한** 책들 사이에서 다이어리가 손에 잡혔다. 오늘의 하루를 돌이켜봤다. 대부분의 9시간은 회사에서 일만 한다고 하루가 다 지나갔다. 아침 루틴을 잘 지켜오다가, 오늘은 지키지 못했다. 검은 점들이 일렬로 정렬된 칸 사이, 하얀 구멍 하나가 도드라지게 튀어 보였다.

그 칸을 멍하니 바라보았다. 왜 아침에 밍기적거렸을까. 무엇을 했는지 기억나지 않는 그 시간들이, 나를 조용히 자책하게 만들었다. 그래도 오늘 저녁에 뭐 했는지 다독이며, 다시 볼펜을 집어 들었다.

'오늘 저녁은 딱 1시간 마사지.'

'그리고 내내 잠. 샤워. 다시 잠.'

돌아보니, 오늘 하루는 단 네 단어로 요약됐다. 늦잠, 회사, 마사지, 잠.

'이게 뭐야. 오늘 나는 도대체 뭘 한 거지?'

어두 컴컴한 하늘 위 희미하지만 수놓은 별빛들처럼 오늘도 다이어리에 자책과 실망감이라는 별도 같이 수 놓았다. 너무 희미해서, 별들 사이에서도 흐릿해져 곧 없어질 것만 같은 별이다.

5

아이러니한 다이어리

'나는 왜 꾸준함이 힘들까….'

오늘은 늦게 일어났다. 부랴부랴 출근 준비를 하며 어제 쓰지 못한 다이어리를 허겁지겁 적기 시작했다. 카톡 인증방에 들어가며 1월 1일 새해의 야심 찼던 '이번엔 진짜 꾸준히 써야지' 다짐했던 그 마음은 허공으로 날아가 버린 지 오래다. 이젠 흐릿한 흔적조차 남아 있지 않다. 구름처럼 흔적 없이 사라져 버렸다. 빠르게 지나간 세월이 너무나 야속해졌다. 벌써 12월. 달력의 마지막 장이 펼쳐졌다는 사실만으로도 조급함과 스트레스가 밀려왔다.

'내가 뭘 했지?'

속절없이 흘러간 시간들이 원망스러워졌다. 그동안 쓰다가 안 쓰다가를 계속해서 반복해 왔다. 다이어리의 첫 장부터 지금까지를 찬찬히 넘겨본다. 작년보다는 조금 더 썼지만, 그래도 여전히 듬성듬성 비어 있는 페이지들. 그 공백들이 나의 의지력을 말해주는 것만 같아 안타깝고, 한심했다.

다이어리는 원래, 시간을 관리하고 성장 기록을 남기기 위해 시작한 것이었다. 하지만 나는 여전히, 꾸준함이라는 단어 앞에서 주저하고 있었다. 성격상으로 더욱 그러했다. 텅 빈 토, 일요일 다이어리 칸을 멍하게 바라보았다. 신나게 놀았던 주말 시간을 뒤로하고, 마주한 매주 월요일 아침. 책상에 앉아서 나름 다시 시작해 보겠다고 평소보다 조금 일찍 일어나 책상에 앉아 다이어리를 펼쳤다. 비어 있는 그 공간은 머리가 지끈하게 아파져 올 만큼, 스트레스였다. 토요일의 한 장면, 일요일의 몇 가지 행동을 조각조각 꿰매듯 채워 넣었다. 하지만 자꾸 의문이 올라왔다. '정말 이게 나를 위한 일인가?'

그렇게 다이어리를 외면하는 날이 하나둘 늘어갔다. 며칠 뒤, 텅 빈 칸이 수요일까지 이어져 있는 걸 발견했을 땐 이미 마음은 차갑게 식어 있었다. 정녕 나는 시간을 주도하며 사는 것일까. 아니면 그저 세월이라는 개에게 목줄을 채운 채 끌려다니는 걸까. 다른 사람들과의 비교, 자책감과 한심스러움의 감정 소용돌이가 마음 한구석에 커져갔다. 그러다가 결국 다이어리에 손을 안 대는 날들이 늘어나 몇 달은 회피해버렸다. 책상이 아닌 침대가 내 하루의 종착지가 되어버린 날들이 이어졌.

"인생을 바꾸고 싶다면, 적으세요."

그날도 퇴근 후, 침대로 도망치듯 몸을 던졌다. 이불을 머리끝까지 폭 뒤집어쓰고는 자연스럽게 손은 휴대폰을 향했다. 유튜브를 켰다. 그리고 알고리즘이 던져준 영상— 다이어리 쓰는 걸 독려하는 영상이라니…. 참 아이러니했다. 다이어리를 쓰지 못해 침대에 들어온 나에게 다이어리를 쓰라고 속삭이는 알고리즘.

다이어리를 쓰면서 변화하는 사례들을 보고, 동기부여 영상에 나도 모르게 또 빨려 들어갔다. 영상 속 사람들은 꾸준히 기록하며 변화했고, 그들의 하루는 빛으로 물들어 있었다. 화면 속 장면들이 내 안에 잔잔한 파장을 일으켰다. '나도 저렇게 바뀔 수 있을까?' 그러나 다이어리를 써야겠다는 마음은 들었지만, 책상 위, 덩그러니 꽂혀있는 다이어리를 건드릴 생각은 들지 않았다. 도파민이 잔뜩 분비된 채로, 나는 또 잠이 들어버렸다.

다음 날 아침. 어젯밤엔 단 한 줄도 쓰지 않았지만, 자기 전 본 영상 덕분일까. 샤워 후, 힘겹게나마 책상 앞에 앉았다. 딱 2분. 겨우 궁둥이를 붙이고, 다이어리를 펼쳤다. 막상 쓰기 시작하면 열심히 쓰는데도, 왜 이토록 '쓰기 전까지'가 힘이 들까. 커다란 바윗돌을 들어올리는 것만 같다.

'잘 쓰고 싶은데… 왜 나는 못 해낼까.'
다이어리를 쓰는 마음가짐부터 다시 바로 잡을 필요가 있어 보이지만, 해답은 어디에도 없었다. 누구도 알려주지 않아서, 힘들다. 누가 알려줘도, 마음에 와닿지 않을 것 같기도 하다. 이건 어쩌면 오롯이 나 혼자 감당해야 하는 인생의 숙제처럼 보였다. 잘 쓰고 싶은데, 잘 활용해서 나도 시간 관리를 잘하는 사람이 되고 싶은데, 왜 될 수 없는 걸까 라는 자책감의 파도가 한 움큼 나를 덮쳤다. 빈 종이로 남아있는 그 다이어리를 보는 게 너무 힘들었다. 그 텅빈 깨끗한 빈 페이지를 볼 때마다 인생이라는 강물 위에 무력하게 떠내려가는 사람 같았다.

다시 쓰고 싶었다.

조금이라도 채워 넣고 싶었다.

하지만 의욕의 불씨는 이미 바람에 꺼져 있었다.

한숨을 쉬고, 텅 빈 다이어리를 툭 하고 덮었다. 그리곤 조용히, 갈등을 피해 혼자 이불을 머리끝까지 뒤집어쓰고 잠 속으로 몸을 숨겼다.

6

이런 날도 있는 거지

    오늘도 아무것도 하기 싫은 날이었다. 그래서 침대에 누워, 휴대폰을 들었다. 스크롤을 내리다 눈에 띈 채널 하나. 익숙한 이름, 스터디언. 그곳에서 김주환 교수님의 강의 영상이 내 시야에 걸려들었다.『불행 속에서 행복해지는 법, 제가 알려드릴게요.』처음엔 호기심으로 클릭했다. 2시간가량의 이 교수님의 강의 영상을 시작으로, 다른 강의 영상 수십 개를 계속해서 찾아보고 있었다. 내 안의 무언가를 부드럽게 어루만져 주고 편안해짐을 느꼈다.

    최근에는 교수님 본인이 직접 개설한 유튜브 채널 너무 좋았다. 〈김주환의 내면소통〉이 생겨 더 자주 찾고 있다. 그곳에는 짜증, 우울, 불안처럼 우리가 매일 마주하는 감정들을 과학적이면서도 따뜻하게 다뤄주는 명상 영상들이 가득했다.

    "맞아요. 괜찮습니다. 저도 한가지 핀트가 안 맞으면, 그날은 정말 하루 기분이 계속 망한 기분이 드는 것입니다. 하지만, 너무 완벽해지려고 노력하는 내 하나의 자아 때문에, 짜증이라는 감정이 올라온 것입니다."

교수님의 목소리는 내 마음의 복잡한 매듭을 천천히 풀어주었다. 존중에 대한 심리학적 연구와 그에 기반한 존중 명상 영상은 특히 나에게 큰 위로가 되었다.

내가 나에 대한 느낌이 이러했다는 걸 알아차리는 걸 먼저하고. 불만족스러워하는 나. 기뻐하는 나. 그 모든 것이 나…. 라며 그걸 다 존중하기로 마음먹었다. 처음에는 잘 안 되었다. 부정적인 마음이 가득 불쑥 나왔지만, 다시금 '나라는 사람을 있는 그대로 존중해보기'로 마음먹었다. 그러니까 정말 신기하게도 마음이 조금씩 편안해졌다.

내 안엔 수많은 내가 있다. 각기 다른 목소리를 내고, 서로 다른 방향을 바라보는 나들. 그들을 억누르거나 무시하는 대신, 존중해주기로 한 순간부터 마음이라는 공간이 조금 넓어진 것 같았다.

"핀트가 나가버려서 계획대로 되지 않았을 때, 오늘은 그냥 '그런 날이었구나' 하고 나를 토닥여보세요. 완벽해지려는 내 자아도 존중하면서 흘려보낼 수 있는 하루. 다이어리를 다시 되짚어 보면, 낮에는 수많은 걸 잘 해낸 자신을 안아 주며 감사한 마음을 가지고 하루를 마무리하는 날이 되길 바라요. 저도 하루 하고자 하는 것 계획을 다 못하면, 짜증 나고, 왜 다 못하는데 다 적을까…. 고민이 많았는데…. 그냥 오늘은 내가 할 수 있는 만큼은 요기까지구나, 낼 하나 더 해보는 거로 나아가자. 생각하기로 했어요. 그리고 요리가 실패한 날이라면, 언젠가는 잘 되겠지. 안되면 안되는 대로 내버려 두고, 그렇게, 마음을 다독이며 나아가세요.

응원합니다~" 라고 만약 내가 그날 명상을 하고 있었다면, 어쩌면 이런 말을 스스로에게 건넸을지도 모른다. 그리고 그 말은, 그날을 살아낸 누군가에게도 작은 위로가 되었을지 모른다.

완벽해지려는 나도,

그 완벽함에 무너지는 나도,

모두 나다.

이런 날도 있고, 저런 날도 있는. 그 다양한 색깔의 나들이 모여 내는 아름다운 무지개 같은 삶이 만들어지길. 대부분 사람이 자기 자신에게 70%쯤은 만족하지만, 30%의 불만은 언제나 남아 있다. 약간 불만스러우면서 매우 불만족스러운 것까지 여러 가지 불만을 가진 사람들이 많다. 하지만 내 속에 완벽해지려고 불만족스러움을 느끼는 나 (배경 자아로서의 나), 그 완벽한 존재의 나를 존중하는 마음을 계속해서 말해주다 보면, 편안해지는 나 자신을 만들어 갈 수 있다는 말을 그 말을 절실하게 믿으며 천천히, 아주 천천히 살아가려 한다. 그래. 이런 날도 있는 거지.

'나는 너를 진심으로 존중한다.

내 안에 있는 너는 완벽한 존재다.

밤하늘의 별처럼.

끝없이 펼쳐지는 망망대해 수평선처럼

만년설을 뒤집어쓴, 거대한 산처럼.

대자연의 신비처럼

엄청난 경외심을 불러일으키는 너.

나는 너를 진심으로 존중한다.'

— 김주환의 《내면소통》 유튜브
　　존중 명상 中

7

정신, 똑띠 체리라

'오. 마이갓. 이미 시간은 지나갔다. 난 왜 이렇게 유튜브, 드라마에 잘 빠져버리는 걸까…'

퇴근 후, 자연스럽게 저녁을 준비하며 알고리즘이 던져준 '사랑이라 말해요' 드라마 요약 영상을 클릭하기 시작해서, 유튜브 바다 속에서 헤어나오지 못했다. 정신을 차려보니 어느덧 잘 시간이 코앞이었다. 휴대폰을 향한 손가락, 화면을 켜던 습관적인 눈동자가 지금 이 순간, 왠지 원망스러웠다.

하지만 어쩌랴. 이미 엎질러진 물인 것을. 그 위에 조용히 발을 적셨다. 오늘 저녁 시간은 그렇게 흘러가 버렸지만 지금부터라도 다시 마음을 고쳐먹고, 보지 말자고 다짐해 본다. 맨날 다짐만 하는 것 같지만, 그래도 다시 인식하고 다시 나아가려는 마음만큼은 분명 진짜니까. 작은 희망 하나라도 붙잡아 본다.

인생의 큰 변화를 얻고 싶다면, 해야 할 일보다는 하지 말아야 할 일을 적고, 하지 않아야 한다고 한다. 나만의 금지 항목 1호. 그건 바로 '유튜브, 드라마 정주행'이다. 이번에는 단순한 다짐으로 그치지 않고, 진짜 원인을 책상 앞에 앉아 차근차근 분석해보기로 했다.

'왜? 나는 밥을 먹으면서 유튜브를 보게 되었을까?'
이유 1. 혼자 밥을 먹으니 방 안이 조용하고 심심해서.
이유 2. 뭔가 재미있는 게 보고 싶어서.
이유 3. 전에 보던 드라마의 다음 화가 너무 궁금해서.
이유 4. 이미 저녁 시간마다 무엇을 틀어놓을지 이미 머릿속으로 그리고 있어서

곰곰이 생각해보면, 후회스러운 일을 한 이유 4가지가 떠오른다. 딱히 어려운 문제는 아니었다. 문제는, 그걸 고치는 것이었다. 일단 습관의 패턴화가 되어버린 걸 깨뜨려야 할 것 같다. 저절로 저녁 먹을 음식을 노트북 앞에 책상을 두는 것. 그리고, 노트북을 자연스레 켜서 먹으면서 유튜브를 보는 행동 패턴을 인지하게 된다. 그렇다면 저녁을 스크램블로 간단하게 만들어, 부엌에서 얼른 먹어 치워버릴까. 아니면 저녁을 안 먹을까. 일단 이유를 적었으니, 그에 대한 대책안을 차근차근 써봐야겠다.

작은 습관을 바꾸기 위한 대책안.
이유 1번에 대한 대책안.
방의 조용함을 달랠 잔잔한 팝송이나 재즈 음악을 틀어보자. 귀가 심심하지 않으면, 눈도 덜 흔들릴지 모르니까.

이유 2번에 대한 대책안.

재미를 원한다면, 흥미로운 영상을 주말 1~2시간의 보상으로 미루고 흥미 있는 책에 빠져들도록 해 보자. 읽고 싶은 책이라고 쌓아둔 책들이 책상 위에 진수성찬처럼 차려져 있으니 말이다.

이유 3번에 대한 대책안.

보고 싶던 드라마는, 평일을 잘 견뎌낸 내게 주말의 포상으로 주자. 주말에는 조금은 늘어져도 되니까? 참는 것도, 스스로를 사랑하는 방법일지 모른다.

이유 4번에 대한 대책안.

저녁 시간만 되면, 밥 먹으면서 무슨 영상을 볼지 고민하는 것이 쉽게 바뀌지는 않겠지. 이미 내 뇌의 흐름이 그렇게 세팅되어있으니 말이다. 미래의 나에게 필요한 작은 목표들을 적고, 그걸 이루기 위한 작은 목표들을 조금씩 이뤄나가는 거로 해보자. '오늘 이 책을 읽자'고 다짐하는 것부터 시작하자. 가랑비에 옷 젖듯, 뇌도 천천히 바뀔 수 있다.

사실, 이 대책들이 모두 지켜질지는 모르겠다. 하지만 어제의 나보다, 아니, 몇 분 전의 나보다 성장하려고 발버둥 치며 애쓰는 지금의 내가 1% 정도 대견하다. 나는 지금, 이 글을 쓰며 메타인지를 높이고 있다. 심지어 슬로우 버피 10개씩을 해가며 쓰는 중. 움직이며 쓰니, 머리도 잘 돌아가는 것 같다. 오늘 저녁은 짐키친 바질 파스타를 먹었기 때문에, 슬로우 버피 100개는 무조건 해야… 약간의 칼로리 평타를 칠 수 있을 것만 같다.

사실 유튜브만 보다가 바로 침대로 가는 날에는 다이어리도 정리 안 하고, 할 일을 적은 것들도 팽개쳐 버리고 자기 일쑤인데…. 오늘은 어제와는 다르게, 버피 100개를 하고 나니, 생각이 달라졌다. 미뤄뒀던 먼지가 가득 낀 선풍기 청소하기로, 반려묘 냠냠이를 소독약으로 한 번이라도 더 닦아주어야겠다는 의지가 올라왔다. 자칫하면 나에 대한 실망감으로 가라앉을 뻔한 하루였지만, 통제감 회복에 성공한 오늘 하루. 뿌듯함으로 마무리한 느낌.

그래. 다시 시작하면 되는 거야.
시간이라는 강물 위에
멍하니 떠내려가지 말자.
때론 거슬러 오르고
때론 흐름에 몸을 맡기며
수영도 하고, 잠수도 하고, 역동적인 시간의 강물에서 잘 놀아보자.

8

좋은 멍 VS 나쁜 멍

　퇴근 후, 침대에 드러누운 채 멍 때리기에 대한 영상을 우연히 보게 되었다. 멍에도 두 종류가 있다고 했다.
　좋은 멍.
　모든 사람이 알다시피, 고요한 집중, 명상이 대표적이다. 의식의 파도를 잠재우고, 내면을 들여다보는 그 시간은 마치 마음이라는 호수에 조용히 돌 하나를 던지는 듯한 경험이다. 맑고 깊은 울림이 안으로 퍼져 나간다. 고요함 속에서 나에게 집중하는 멍은 아주 건강에 좋은 활동이다. 그래서 마음이 단단한 사람들, 여유 있는 사람들, 인생을 활기차게 사는 사람들은 다 이런 좋은 활동들의 공통적인 특징이 숨어 있다.
　나쁜 멍.
　TV 보기, 유튜브 정주행 대표적이다. 그래서 TV를 바보상자라고 하지 않는가. 그저 화면을 뚫어져라 바라보며 시간만 축내며, 뇌의 회로를 꺼버리는 습관. 아무 생각 없이 눈동자만 움직이는 멍함은 사람을 피폐하게 만든다.

돌이켜보면, 나는 지난 12일 동안 저녁을 먹고 나서 줄곧 나쁜 멍 속에 빠져 있었다. 내 감정과 본능의 이끄는 대로, 자극적이고 유혹적인 영상의 늪에 그저 조용히 빠져들었다. 그 유혹을 뿌리칠 수도. 이길 수 없었다. 그 악마의 속삭임에 저녁 먹고 바로 눕다 보니 살은 덤으로 쪘다. 이때까지 나름대로 조절을 잘 해왔다고 생각했는데…. 어느새 체중은 4kg이 늘었고, 처음 보는 숫자 '56kg'이 체중계 위에 나타났을 때, 마음 한편이 툭, 꺼져내리는 느낌을 받았다. 누군가, 그 늪의 가장자리에서 조용히 내 발목을 붙잡고 밑으로 끌어당기는 기분이었다.

저녁의 영상 시청은, '오늘도 열심히 산 나에게 주는 보상'이라 여겼다. 하지만 그건 덫이었다. 그 나쁜 멍에 중독된 채, 눈을 뜨는 아침마다 제일 떠오르는 생각. '아. 회사 가기 싫다. 인생은 왜 살아야 하는 걸까. 나는 도대체 뭐길래 살아있는 거지.'였다.

회사를 가도 더 우울해졌다. 오히려 더 깊은 수렁이었다. 열심히 일해봤자. 누구는 회사가 곧 망할 거라고 가망이 없다고 퇴사하는 판에 혼자 꿋꿋하게 버티며 가중된 업무를 묵묵히 버텼지만 그 어떤 보상도 따르지 않았다. 그러니 아침에 눈을 떴을 때 '의욕이 생길 리 없는 곳에 가봤자 뭐하겠어.' 무기력한 생각이 먼저 찾아왔다.

그렇다고 휴가를 낸다 한들, 집에 있어도 똑같이 우울했을 것이다. 그래서 꾸역꾸역 그냥, 무거운 몸과 마음을 끌고 회사로 향했다. 한때는 이 환경이 싫어서 이직을 꿈꿨다. '이곳을 벗어나기만 하면 모든 게 나아질 거야'라고.

　그러나 이직 후에도 똑같았다. 모든 게 해결될거라 생각했다. 이 모든 힘듦도, 우울함도 사라질 것만 같았지만 전혀 그렇지 않았다. 새로운 곳 역시 나를 지치게 했다. 다른 사람의 실수는 가볍게 지나가지만, 내가 숫자 하나라도 틀리면 절대 용납이 되지 않았다. 숫자를 만지는 사람이 숫자를 틀리면 어떡하냐는 식의 질책들. 그 말은 날마다 내 자존감에 가시를 박았다. 나도 안 틀리고 싶었다. 더 잘 하고 싶었다. 체크 리스트를 만들어, 몇 번이고 반복해서 확인했다. 그러나 매일 안 틀리려고 하지만, 희한하게 한 개는 꼭 틀리는 경우가 발생했다. 질책이라는 조용한 전쟁터 속에 있지만, 마음속에선 드론 수백 대가 날아다니며, 정신을 폭격하는 날들이었다. 혼자만의 정신적인 혼비백산 시간을 매일 보내야 했다. 그러다가 집에 가서는 맥이 탁 풀리다가도, 틀린 실수를 회사 나온 데서까지 전화를 받아서 질책을 받아야 하곤 했던 사실들이 나를 더 힘들게 만들었다.

　이런 상태에서 아침을 맞는 건 하루를 시작하기도 전에 이미 패배한 기분이었다. 회사에서 일하는 얼굴은 절대 밝을 리 없었다. 내 얼굴은 점점 잿빛이 되었고, 일의 효율성도 떨어지는 악순환으로 빠져들어갔다. 그래서 더욱 명상이고 뭐고, 좋은 멍 같은 건 생각조차 나지 않았다. 모든 삶의 의욕을 잃어버리는 큰 파도가 나를 삼켜버렸다. 이리저리 물속에서 허우적거려서 숨을 못 쉬고 있는 나. 도대체, 어떻게 해야 할까.

9

텐션 떨어진 날

금요일 열심히 놀고, 맞이한 토요일 아침. 침대에서 한 치도 벗어나고 싶지 않았다.

"냐아아아옹…."

"나는 굶어도, 돌봐야 할 존재는 굶게 해선 안 되니까…"

빈 그릇 앞에서 밥을 달라며 울부짖는 냠냠이. 침대 옆에는 고양이 밥그릇이 있었지만, 사료는 부엌에 있었다. 몸을 움직이기 정말 싫지만, 겨우 마음을 일으켜 사료를 퍼 담고 돌아왔다. 돌봐야 할 존재는 돌봐야 하니까라며 한발짝 움직이자마자 마음이 움직였다. 얼른 사료를 밥그릇 옆에 두고는 그리곤 다시 침대로 돌진. 커튼 사이로 들어오는 따사로운 빛줄기가 눈에 들어왔지만, 커튼을 걷어내고 싶지 않았다. 이번 주말은 꼼짝 안 하고, 집에만 있고 싶었다. 사랑하는 남자친구조차도. 오늘만큼은 보고 싶지 않았다. 누구와도 대화하고 싶지 않았다. 카톡방엔 아예 들어가지 않았다. 누가 내게 말을 걸었는지, 그건 나와 상관없는 일처럼 느껴졌기에.

"졸졸…."

눈을 감으니, 고양이 식수대에서 흐르는 물소리가 어두운 동굴에서 천장에 물이 떨어지는 소리처럼 들린다. 얇은 물줄기로 떨어지는 소리가 차갑게만 느껴진다. 나는 눈을 감은 채, 그 어두운 동굴 속으로 천천히, 조용히 걸어 들어갔다. 어둠 속에 잠긴 내 안의 공간, 이 세상과 동떨어져 멍하게 있고 싶은 마음 가득 담아 눈을 감고 한걸음, 한걸음 내디며 들어갔다. 멍한 상태로 집중하다 보니, 어두운 동굴 속에서 희미하게 야심 차게 세워놓은 월간 계획표가 보인다. 거기엔 이런 단어들이 적혀 있었다.

운동, 영어 공부, 재테크…

불과 얼마 전까지만 해도 가슴 뛰게 했던 글자들이었다. 다시 보니, 흰 것은 종이, 검은 것은 잉크로 얼룩진 글자에 불과했다. 더 이상 나를 끌어당기지도, 설레게 하지도 않았다.

도대체 이 열심히 하자는 마음은 다 어디로 간 것일까. 이 마음을 뒤로하고 자꾸 그냥 동굴에 숨어버리고 싶었다. 지금은 격렬하게 누워만 있고 싶어서 운동은 못 하겠고…. 영어공부…. 지금은 영어가 머리에 안 들어온다. 재테크…. 뉴스를 살펴봐야 할 듯한데…. 세상일에 관심을 끊어버리고 싶다…. 뉴스를 클릭할 마음의 여유조차 없었다. 시간이 얼마나 흘렀는지 모르겠다. 멍하게 눈을 감고 있다 보니, 잠시 정신을 잃어 꿈의 세계로도 갔다 왔다. 그냥, 기운이 빠져버린 하루.

왜 갑자기 쳐지는지 나도 모르겠다. 단시간의 에너지를 많이 써서 그런 걸까. 아니면 애초에 내 에너지의 뿌리가 말라버린 걸까. 지금은 이 축 처지는 기분이 너무나도 힘들다. 이 기분으로 나는 앞으로 잘 살아갈 수 있을까? 열심히 불태운 듯했던 의지, 조심스럽게 세운 계획표, 그 모든 것들이 지금 이 기분 앞에선 왜 부질없어 보이는 걸까. 내가 뭘 놓치고 있는 걸까. 괜찮다고 생각했던 나였는데, 다시 또 우울함의 파도가 밀려온다.

이건 마치 바다처럼, 조용하다가도 어느 순간 갑작스럽게 내 발목을 잡고 확 끌어당기는 파도였다. 오늘은 그냥 이 파도에 휩쓸린 채 잠시 떠내려가야겠다.

10

11층에서 낙하하면

'11층에서 떨어지면, 어떻게 될까…'

아침, 베란다 너머를 멍하니 바라보며 그 세계를 넘어가 버릴까 하는 생각이 또 다시 찾아왔다. 사실 예전에도, 지금도 나는 겁쟁이다. 머릿속의 상상만으로 벌써 수없이 떨어져 본 것 같다. 실제로 시도해 본 적은 한 번도 없다. 꿈속에서는 떨어지면 키가 큰다는 속설이라는 안전장치가 나와 함께 하는 듯해서일까. 하지만 현실로 이루어져도 무섭지 않을 것만 같은 느낌이다. 날아오르는 상상이 아니라, 중력에 끌려 떨어지는 상상의 감각만 남았다.

"띠이이리링…. 띠이리리링…."

아침을 깨우는 알람이 울린다. 눈을 떠야 하는데…. 눈을 뜨기가 싫다. 하지만 꿈과 현실의 경계선 어딘가에서 눈을 감은 채, 나는 여전히 떠다니고 있었다. 눈을 감은 채, 베란다 생각이 계속 떠나질 않았다.

'베란다에서 밖을 바라보는 나. 그 아래로, 조용히 추락하는 나.' 이런 내가 머릿속에 그려졌다. 오늘따라 유난히, 왜 그런 것인지 모르겠지만, 베란다에서 뛰어내리고 싶은 충동이 강하게 밀려왔다. 하지만 한 번도 시도해 보지 않았다. 상상만 했을 뿐. 시도를 해봤다면, 일어난 이후의 일들이 더 힘들 거라는 걸 너무나도 잘 알고 있기에…. 내가 떨어져서 바로 즉사하면, 이후의 일들은 생각 안 해도 되겠지만. 내 계획과는 다르게 목숨이 붙어서 불구가 된 채로 다른 삶을 살아가야 하는 불행을 겪어야 하는 그런 이후의 일들이 예상이 갔다. 그렇게 된다면, 삶은 훨씬 더 참혹할 수도 있다는 걸. 나보다도 내 주변 사람들의 평범한 행복을 내가 빼앗아 갈 수도 있을 것까지 말이다.

내가 떨어지면 앞으로 떨어질지. 뒤로 떨어질지. 떨어진 후의 내 모습은 어떻게 찌그러져 있을지…. 끝도 없이 온갖 상상력을 펼쳐보곤 했다. 아마도, 이렇게 죽음을 구체적으로 상상하게 된 데는 미디어의 영향도 클 것이다. 죽음을 너무 쉽게 보여주는 세상. 미디어를 통해서 본 사망자의 마지막 모습들이 내 모습인 듯, 머릿속 상상을 구체화하도록 만들어 주었다. 그래서일까. 죽는다는 일이 어쩌면 별일 아닌 것처럼 느껴질 정도로 감각이 무뎌져버린 것일지도 모르겠다.

'오늘, 갑자기 아프다고 말하면 회사를 안 갈 수 있을까…' 이리저리 머릿속의 경우의 수 주사위들을 굴려보지만, 결국 답을 찾아내지 못했다. 원하는 주사위 면은 나오지 않았다. 주사위의 6면 모두 '회사 가야 함.'이라는 벌칙이 적혀 있는 것만 같았다. 아…. 진절머리 나게 싫다.

최대한 알람을 무시하며 버틸 대로 버틴 시간. 아침 7시. 커다란 바윗돌을 등에 짊어진 채 침대에서 일어났다. 부랴부랴 화장실에서 머리를 감고, 샤워하고, 화장하고, 옷을 입었다. 그 와중에도 인바디 측정을 빼먹지 않았다는 사실이 참 우습고도 씁쓸하다. 삶은 달걀을 챙기고, 나가기 전, 반려묘에게 츄르를 내어주고, 20분 만에 대문을 나섰다. 그리고는 또다시, 어둠의 소굴 같은 회사로 나 자신을 던져 넣었다.

수개월 정도 항우울제를 복용하다 멈춘지 몇 개월 지나갔었던 때였다. 이제 좀 괜찮아진 것 같았는데, 괜찮지 않나 보다. 약 먹기 전에 느꼈던 자살 충동 생각. 느낌을 다시 느꼈으니 말이다. 오늘 아침의 충동은 내가 아직 완전히 회복되지 않았음을 말해주었다.

이 글을 읽은 사람들은 날 정신이상자라고 부를지도 모르겠다. 우울에 빠져 허우적거리는 사람. 의지가 약하고, 감정이 약한 사람. 그렇게 보는 시선…. 어쩔 수 없지…. 감수해보기로 했다.

이런 시선을 뒤로하고, 다시 생각해 본다. 나처럼 이렇게 느끼는 사람이 많다는 것. 그리고 요즘은 항우울제를 먹는 것도 흠이 아니라고들 말하는 것. 그래. 오늘 같은 아침은 갑작스럽게 우울한 감기가 다시금 도지는 날일 뿐이다. 약을 먹어도 난 정상적인 사람이다.

흠... 괜찮아지려고 애쓰고 있지만, 여전히 괜찮지 않은 이 마음. 이 마음은 어디에 두면 좋을까. 그저 오늘 하루, 이대로 무사히 지나가기를 바라며 또 하루를 시작한다.

11

역도와 인생의 공통점

"쓱… 쓱… 오늘도 뭐 볼 거 없나…"

세 살 버릇 여든까지 간다지만, 저녁만 되면 자동으로 켜지는 유튜브. 그 습관은 쉽게 고쳐지지 않았다. 요리 똥 손인 난 냉장고 파먹기 재료들로 돼지고기, 방울토마토, 남은 청경채, 달걀을 섞어서 3분 만에 볶아낸 급조 요리를 책상 위 노트북 앞에 조용히 놓았다. 혼자 살다 보니, 누구와 대화하며 식사하기보다는 화면을 친구 삼아 먹는 게 일상이 되어 있었다. 이런 행동들은 회사에서 에너지를 다 소진해버려, 집에선 그저 무너지듯 멍하게 있고 싶은 무의식적인 행동일 것이다.

카지노2, 서진이네, 밥맛없는 언니들, 짐종국 채널을 거쳐 결국 '유 퀴즈 온 더 블럭'에서 멈췄다. 예전엔 영상만 보며 밥을 먹었다면, 요즘은 식후에 영상을 틀어 놓고, 요가 매트 위에서 구르기 100개를 병행 중이다. 그래도 뭔가 '생산적인 척'이라도 하고 싶은 의지의 발버둥일 것이다. 복부와 전신 운동인 구르기 100개를 한지 어느덧 벌써 3일째다. 3일 밖에 안 되었는데, 복근이 생길 것 같이 배가 당기는 기이한 현상들을 경험하고 있다. 유산소 운동도 알게 모르게 되는 거겠지. 10개씩 나눠 쉬엄쉬엄 하지만, 땀도 배어나고, 몸의 작은 변화들이 조금씩 스스로를 믿게 해줬다.

그러던 중 장미란 선수가 유퀴즈에 나온 영상이 떴다. 장미란 선수. 살도 많이 빠지고, 분위기도 많이 바뀌어서 몰라볼 뻔했다. 장미란 선수가 은퇴한 지 유 퀴즈를 보면서 알게 되었다. 그녀는 그동안 운동선수로써 살아온 정신력이 대단했다. 또한, 은퇴 후 학생들을 가르치고, 많은 사람에게 베풀며, 모든 것에 감사하면서 살아가는 그녀는 너무나 멋지고 아름다워 보였다.

"역도도. 인생도. 무게는 너무나 무거웠다. 보이지 않는 걸 매일 열심히 하고, 포기하지 않는 거 너무 대단한 일이다."

그 말에 마음이 울컥했다. 대부분 유튜브나 인스타나 SNS 속 사람들은 항상 남들에게 '보여지는 노력'에만 집중한다. 결과로만 증명되는 시대이니까. 매일 묵묵히, 아무도 보지 않는 곳에서 열심히 자기 자신을 다진다는 것. 어떻게 보면 결론적으로 눈에 보이지 않으니, 인정받을 수도 없고, 허튼짓한다고 생각할 수 있지 않을까? 왜냐하면, 세상의 눈이 주시하는 곳에서 잘해야, 그 사람이 잘한 줄 알아채는 법이니까. 그러나 그녀는 자기 자신을 묵묵히 다져가는 것이 얼마나 위대한지 조용히 나에게 속삭이는 것만 같았다.

되돌아보니, 나도 회사에서도, 집에서도 보이지 않는 자리에서 묵묵히 해내는 사람이었다. 무엇이든 계속해서 도전하고, 실행하고 있었다. 회사에서도 나름으로 열심히 잘 해왔다고 생각했는데, 상사 옆에서 알랑방귀 뀌는 사람들만이 급여가 배로 올랐으며, 나는 물가 상승률도 못 따라가는 손톱만큼의 급여가 올랐다. 내가 보이지 않는 곳에서 얼마나 일했는데…. 1인분을 넘어서, 2인분, 3인분, 4인분까지 해냈는데. 그런 나를 인정해 주지 않았다는 사실에 너무화가 났고, 얼른 다른 직장으로 옮겨야겠다는 마음이 100% 생기게 되었던 상황 속에 있었다. 이런 영상을 보는 순간, 그녀가 내 어깨를 감싸 안고 꼭 안아 주면서 말해주는 것처럼 느껴졌다. 과장된 감정일지도 모르지만, 그 순간의 위로는 나한테는 적어도 그렇게 느껴졌다. 나를 간접적으로나마 인정해 주는 느낌이랄까. 한겨울 속 따뜻한 온돌 한 조각 같았다.

이렇게 장미란 선수가 나를 꼭 안아 준 것처럼 느껴지는 것도 잠시…. 문득 노트북 옆이 눈에 들어왔다. 덩그러니 놓여 있는 검은색 다이어리. 그 바로 옆엔 야심 차게 구입했던 색색의 볼펜들. 그리고 읽을 거라고 쌓아뒀지만 여전히 읽히지 않은 20권의 자기 계발서와 고전문학책들이 눈에 띈다.

'하….'

나는 또다시 한숨을 내쉬었다. 열심히 해왔는데도 불구하고, 인정을 못 받은 나. 끊임없이 시도하지만, 끈기는 짧고, 온갖 핑계로 미뤄온 것들. 장미란의 말이 위로는 되었지만, 현실적인 '해답'은 없어 답답했다. 내가 당장 어디로 향해야 할지, 어떻게 나를 회복해야 할지 갈피를 못 잡겠다. 그냥, 광활하고 어두운 우주에 덩그러니 나혼자 둥둥 떠 있는 느낌이다. 무중력 속에서 아무 방향도 잡히지 않는 막막하고 서글픈 우주 유영. 그저 닭똥 같은 눈물만 쏟아졌다. "어떻게, 나를 다뤄야 할까…" 세상살이, 참 쉽지 않다.

04

내 인생 불청객

"아무도 그 커다란 몸속 검은 덩어리가 무엇인지 모른다. 암일까?
아니면 그냥 돌덩어리? 두려움의 덩어리일까.
아니면, 의외로 희망의 조각일지도."

1

꽃 피는 계절, 나는 입원했다

"이사님, 오늘 정말 너무 아파서… 오전 반차 내고, 병원 다녀오겠습니다. 죄송합니다."

아침에 눈을 떴을 때, 장기 위쪽, 명치 아래, 그리고 오른쪽 갈비뼈 안쪽이 묵직하게, 날카롭게 아팠다. 처음에는 우울증의 증세로 몸이 주는 신호를 예민하게 받아들이는 거로 생각했지만, 어제도 급하게 먹는 저녁 때문에 체한 영향도 있지 않을까 싶어 내과 가서 링거를 맞으러 갔다. 그럼에도, 다음 날 아침은 더 심각했다. 통증은 가라앉기는커녕, 내 몸을 더 깊이 파고들었다. 그러나 다음날 회사 출근해도, 오늘 아침에 호전되기는커녕 더 아프기만 하다. 무거운 몸을 겨우 이끌고, 다시 병원으로 향했다.

"의사 소견서 써 드릴 테니, 큰 병원으로 가보세요."

'여기는 돌팔이구나 하고 여기를 바로 벗어나야겠다'라는 생각이 머릿속을 확 사로잡았다. 나를 의사 방의 침대에 눕혀 명치 쪽을 꾹~ 눌러서 아픈 정도를 알아보더니, 의사 선생님이 생각한 위경련이 아니라고 판단이 되었나 보다. 어제의 약도, 링거도, 전혀 듣지 않았으니 말이다. 덜컥거리는 마음을 억누르며, 아픈 몸을 끌고 꾸역꾸역 10분 걸어가 큰 병원으로 향했다. 도착하자마자 X-ray 찍었고, 내과에서 듣는 그 결과는 생각보다 훨씬 충격적이었다.

"X-ray를 보시면 알겠지만, 여기 뭔가⋯ 커다란 게 있네요. 저희 내과에선 처치가 어렵고, 산부인과로 가셔야 할 것 같아요."

하얀 필름 위에 떠 있는, 검은 원.

몸에 대해서 아무것도 몰라도, 초등학생이라 할지라도, 그 사진을 보면 내 몸속에 있는 것이 안 좋은 징조임을 판단할 수 있었다. 저 커다란 게 있었는데, 아무런 징후도 없이 살아왔다는 게 너무 신기했다. 그땐 막 꽃들이 점점 피어오르는 겨울에서 봄으로 넘어가는 계절이었다. 차갑고도 따뜻한 그 교차점에 서서, 나는 혼자서 검은 덩어리와 마주하게 되었다. 내 병도, 내 삶도, 어느 한 지점의 끝과 끝 사이. 애매한 지점에 서성이고 있는 듯 했다.

"오늘 바로 입원 절차 밟으시고요, 2주에서 3주 정도는 시간을 비우셔야 할 것 같습니다."

산부인과에서는 초음파, 피검사, CT까지 정밀한 검사를 마친 뒤 조심스레 말을 이어갔다. 약만 먹으면 나을 줄 알았다. 주사 맞고, 회사 가서 일하면 되는 줄 알았다. 그런데 수술해야 하는 상황이라니. 게다가 당장 수술로 직접 뚜껑을 열어봐야 정확히 어떤 상태인지 알 수 있다고 하니, 머리가 멍해졌다. 나 자신도 모르게 너무 아프다고 외치는 몸이 주는 비명을 언제부터 외면하고 있었던 걸까. 신중하게 말해야 하는 의사의 특성상 어떤 상태인지, 최대한 말을 아끼시려는 것 같았다. 하지만 분명한 건 그 검은 덩어리를 꼭 제거해야 한다는 것이었다.

아무도 그 커다란 몸속 검은 덩어리가 무엇인지 모른다. 암일까? 아니면 그냥 돌덩어리? 도대체 내 안의 그것은 무엇이었을까. 그것이 미래에 나에게 어떤 영향을 줄지 아무도 모른다. 아무것도 예측 불가능하기에…. 두려움의 덩어리일까. 아니면, 의외로 희망의 조각일지도.

2

전지적 수술환자 시점

　정신없이 바로 입원 절차를 밟았다. 보호자로 와 줄 수 있는 사람이 누굴까. 엄마 밖에 생각나질 않았다. 갑작스러운 소식을 엄마에게 전했다. 걱정스러운 목소리로 토닥거려줬지만 일 때문에 갈 수 없다는 청천벽력 같은 소식을 들었다. 다행히 일을 쉬고 있는 동생이 와 주기로 했다. 어릴 땐 정말 치고 박고 맨날 싸우던 사이였는데, 성인이 되어서 아플 때는 돌보는 사이가 되다니 그녀의 존재가 내심 감사하게 느껴진다. 그때 당시에는 코로나가 한창 심할 때여서, 보호자가 1명밖에 출입할 수 없었고, 코로나 검사 결과 나오는 다음날부터 그녀를 볼 수 있었다. 결국 차가운 수술대 위로 아프지만 담담하게 터벅터벅 혼자 걸어갔다.

　수술실 앞.
　"띵 똥."

수술복으로 갈아입고 수술실 앞에 섰다. 덜컹거리는 마음을 안고 초인종을 누르자, 간호사님이 문을 열고 나를 맞이했다. 실내 슬리퍼로 갈아 신고 수술 준비실로 들어섰다. 수술 준비실은 다른 곳과 다름없는 깔끔한 병실과 같아 보였다. 하지만, 다른 곳과는 달리, 생명을 다루기 전 준비 작업을 하는 곳이라 그런지, 더욱 꼼꼼하게 점검하고, 많은 확인 작업을 거쳤다.

"브래지어 속옷, 팬티까지 다 벗으시고, 옷 갈아입으시면 되세요."

처음에 이 말을 들었을 땐, 네? 팬티까지도요? 라고 당황스러웠다. 하지만, 내가 받을 수술 부위를 생각해 보니, 자연스럽게 '네'라는 대답이 나왔다. 기억에 남는 특이한 점은 '환자의 팬티는 오른쪽 주머니에 넣어야 한다는 것'이 그들만의 규칙이었다. (이전에도 비슷한 수술을 한적이 있었다.) 수술을 다 마치고 나면, 팬티를 입히고, 수술용 큰 생리대 같은 걸 차게 되는데, 그때 입힐 속옷을 오른쪽에서 꺼내서 해주시는 것으로 다 약속이 되어있어서 그런 말을 하신 것 같았다. 수술 후엔, 어김없이 자고 일어나니, 팬티와 수술용 큰 생리대 같은 것이 입혀져 있었다. 당황스럽기도 하지만, 수술환자 시점에서만 느낄 수 있는 부분이 아닐까 싶다.

"이름, 생년월일은 어떻게 되세요?"

옷을 갈아입고, 실내의 천장을 바라보며 멍하게 2초 정도 있다 보면, 간호사분이 내 신분을 확인하고는 항생제 테스트를 시작한다. 부작용이 있는지 없는지 확인하기 위한 테스트. 살을 살짝 떠서 피부에 확인하는 작업은 정말 너무 아프다. 주사를 잘 맞는 나이지만, 이 주사는 너무 아프다.

"화장 안 하셨죠? 선크림도 안 발랐고요?"

무섭게 내리쬐는 자외선을 차단하는 크림도 안 바르고 가야 하는지는 꿈에도 몰랐다.

"선크림 발랐는데요…."

"물티슈랑 휴지 드릴게요. 닦으세요."

"네…."

수술 전, 종교는 있는지, 만약을 대비하는 사전조사가 이루어진다. 술·담배는 하는지, 비상연락망 등등 개인정보조사를 받으며, 얼굴에 있는 선크림을 박박 닦아냈다. 벌써 항생제 테스트 시간이 끝났다. 다행히 부풀어 오르지도 않고, 아무 반응도 없는 정상이었다. 그러자 간호사분께서는 항생제를 주입하고는 같이 걸어서 수술실로 향했다.

'징….'

"변지혜 환자 도착하셨습니다."

차디찬 수술방에 걸어서 도착한 나는 약간의 모를 긴장감이 살짝 느껴졌다. 찬 스틸로된 수술대 위로 흰 천 같은 것들이 잔뜩 깔려있었다.

"발판 밟고 올라가서 침대에 걸터앉고, 똑바로 누우세요."

무슨 행동을 해야 할지 모르는 나는 어디선가 로봇에게 명령 내리듯 들리는 목소리를 따라 움직이기 시작했다. 천장을 올려다보니, 하얀 천장보다도, 큰 하나의 동그라미 안에 눈이 6~7개 달린 2개의 조명이 내 눈을 사로잡았다. 내 머리맡에는 뭐가 있을까. 너무나도 구경하고, 보고 싶었다. 귓가에 들리는 띵띵띵 소리는 내 심장 박동 리듬을 나타내는 기계일까. 그 외에는 무엇이 있을까. 호기심 많은 나는 한 바퀴 주변을 둘러보고 싶었다. 언제 수술방을 직접 둘러보겠는가. 물론 구경하러 온 것이 아니고, 수술하러 온 것이지만….

한 간호사는 내가 눕는 순간, 이마 부위. 그리고 관자놀이쯤, 위생 모자의 테두리에 테이프 아닌 테이프를 붙이는 작업을 시작하셨다. 또 다른 간호사는 내 팔과 다리가 수술하기 좋은 자세. 개구리 팔다리를 쫙 벌려서 발목과 손목을 고정하는 작업을 하였다.

자궁 부위를 수술하기에, 산부인과에 정기 검진을 하면, 여자들이 경험하는 산부인과 전용 의자에 앉는 것처럼 쩍 벌리는 수밖에 없었다. 이때는 뭐 부끄럼이고 뭐고 그런 느낌들을 느낄 새도 없다.

"차갑습니다. 놀라지 마세요."

아랫도리에 차가움이 한가득 느껴졌다. 차가운 소독약이 몸 아래를 훑는다. 머리로는 알고 있어도, 몸은 놀라고 만다. 그녀의 무심한 듯 정성스럽게 그리고 꼼꼼하게 닦아내 주시는 손길이 느껴졌다. 위생을 위한, 수술을 위한 작업을 열심히 해주셔서 감사하지만, 부끄러운 마음이 1% 정도 올라오기도 했다. 이 수술 전담 간호사분들은 수많은 여성의 수술 부위를 보았겠지만, 나는 타인에게 은밀한 부위를 처음 보여주는 것이 아닌가. 뭔가 당연한 듯하면서도, 당연한 것이 익숙하지 않고, 적응되지 않는다. 이걸 꼭 보고 느낀 것들을 글로 써야지 하면서, 어느새 잠에 빠져들었다.

3

난소가 하나 뿐이란다

"아…. 여기가 어디지…? 수술이 끝났나?"

눈을 떠보니 하얀 천장이 보인다. 2인실 침대에 누워있었다. 나의 인기척에 놀라 나를 바라보는 동생이 내 앞에 앉아있다.

동생: 괜찮나?

나: 아…. 좀 아프긴 한데 괜찮아. 근데 수술 어떻게 됐대?

동생: 수술 들어가기 전에 말한 대로, 크게 쨀 수도 있다고 했잖아. 역시나 수술 도중에 엄마한테 동의받아서 길게 칼로 째서 크게 들어냈대.

나: 엥? 그럼 작은 구멍이 배에 세 군데 있는 게 아니라…. 큰 구멍도 있다고?

당장 내 배를 까보았다. 수술 바로 직후라 큰 반창고와 작은 반창고 덕지덕지 붙여져 있어 몸의 칼자국을 자세히 볼 수는 없었다. 수술 전까지 그 검은 덩어리의 정체를 완벽하게 알 수는 없었다. 그래도 제거가 잘 됐다는 소식에 기뻤지만, 내 몸에 큰 흉터가 남아있다는 사실이 날 슬픈 감정으로 한 발짝씩 내몰고 있었다. 그리고 충격적인 사실 하나 더.

"아. 그리고, 난소 하나 제거됐대."

"응? 뭐라고…?"

그렇다. 자고로…. 난소라는 장기는 꽃다운 나이 20대 후반. 결혼을 일찍 했다면, 아이를 낳을 수 있도록 도왔을 것이고, 결혼을 안 했다 하더라도 뭔가 쌩쌩한 채로 있어야 할 것만 같은 느낌의 장기이다. 하지만 그 쌩쌩했던 녀석은 갑자기 화산이 폭발해서 용암에 덮어버린 정지된 화석처럼 커다란 돌덩어리가 되어 나를 아프게 했었고, 지금은 제거되었다는 것이다. 누가 업어가도 모를 정도로 푹 잠이 들었다가 깼다. 믿을 수 없는 사실에 가히 충격적이었지만, 한편으로는 무서웠다. 이런 것이 바로 장기 털렸다는 것일까. 자고 일어났는데, 아무도 말해주지 않으면, X-ray나 정밀 검사를 해보지 않는 이상, 목숨에 지장이 없는 한, 장기가 몇 개가 사라졌는지 모르니 말이다.

"그래도, 두 개 중의 하나라도 있으니 다행이다."

그래도 그때 당시에, 난소 두 개 중의 하나라도 있으니, 다행이라는 긍정 마인드로 별 대수롭지 않게 생각하기도 했다. 연초에 액땜했다 치고, 이제 나에게는 좋은 일들만 가득할 거라는 희망과 건강을 더욱 챙겨야겠다는 의지를 불태워 보기도 했다.

하지만 침실에서 화장실 가는 것조차 힘을 주는 것이 너무 힘들었다. 수술 직후에서 며칠 동안은 정말 나무늘보처럼 기어다녔다. 그때만큼은 내가 낼 수 있는 최대 에너지만큼 쥐어짜서 힘주고 걸어 다닌 거였다.

병원에 있는 동안에는 더욱 건강해지기 위해, 아침, 점심, 저녁 식후 병동 10바퀴씩 돌았다. 아기가 천천히 걸음마를 떼듯이 나도, 다시 갓 돌 지난 아기들처럼 걸음마를 시작한 기분이었다. 정말 힘들었지만, 걸으면 걸을수록, 빨리 좋아질 수 있다는 의사 선생님의 말씀을 철석같이 믿고 행한 행동이었다.

산부인과 병동이라서 그런지 새롭게 태어난 새 생명을 돌보는 곳도 지나다닐 수 있었다. 새 생명의 탄생과 죽음, 아픔…. 혼자 걸으면서 생로병사에 대해 심오한 사색하기도 했다. 아파도 계속해서 한 발 한 발 조심스럽게 계속 내디뎠다. 지하실 바닥을 찍고 다시 힘겹게 올라가는 기분이었다. 계속해서 올라갈 일만 남았다는 생각들이 머릿속을 사로잡았다. 건강이 큰 재산인 것을 더욱 몸소 느끼며 그렇게 퇴원 전까지 나만의 작은 도전들은 계속되었다. 1cm씩 한 발짝 내디딜 때마다 닿는 고통이 조금씩 사라지는 만큼, 퍼렇게 멍들어 있던 마음도 점점 회복되는 듯했다.

저녁 식사 후, 침대에 누워 눈을 감아보았다. 분명 눈은 감고 있었지만, 마음은 또렷했다. 평온해진 자궁부터, 어깨와 손끝까지 나의 상태를 하나하나 스캔하듯 구석구석 바라보았다.

'너 괜찮니?'

몸의 주인인 내가 알아채지 못하고, 속으로 얼마나 끙끙 앓고 있었을까. 그러다가 최대치의 고통에서 나에게 끙끙 앓던 아픔을 전해왔던 너. 이제는 조금 평화를 되찾은 듯, 그녀의 평안함과 고요함을 느껴본다. 명치 쪽 부위의 쿡쿡 찌르는 느낌이 신기하게 사라졌다. 최근 명상을 자주 해서 그런 걸까. 이렇게 나를 바라보는 연습이 어렵지 않게 느껴진다. 불안은 사라지고, 평안함이 온몸을 감싸는 듯했다. 고요함과 평온함이 주는 느낌이 감사할 따름이었다.

아직 의사 선생님의 수술 후의 소견들은 듣지 못했지만, 나는 느껴졌다. 내가 어제보다 더 건강해짐을. 과거는 과거일 뿐. 내가 일어난 이 상황을 너무 부정적으로 얽매이지 않기로 했다. 다시 눈을 감고 마음에 집중하며, 침대 속으로 빨려 들어갔다.

지금, 이 순간, 내가 여기에 있다는 현존하고 있다는 느낌.
현재를 느끼자.
과거로 달려가서 분노와 슬픔을 느끼기보다.
미래로 달려가서 불안과 두려움을 느끼기보다.
현재. 지금. 이 순간을 느끼자.
이것이 제일 중요하고, 내 마음의 평안을 찾는 길.
모든 평안은 오직 '현존'에서 비롯된다는 것을.
다시 기억하자.

4

아프니까 결혼은 어렵겠지?

　처음엔 "몸속에 뭔지는 정확히 알 수 없지만, 꽤 큰 덩어리가 보여요. 당장 수술을 하셔야 합니다." 그 말을 들었을 때, 이상하리만치 마음은 고요했었다. 너무도 갑작스러운 일이어서였을까. 마음의 파도가 치솟을 새도 없이 얼음처럼 감정은 얼어붙어 있었다. 당황스러움과 두려움 사이에서, 나는 담담하려 애썼었다.

　수술 후, 입원 침실에 한없이 누워있는 동안, 멈췄던 생각들이 하나 둘 다시 피어올랐다. 운동하러 병실 밖을 나섰을 때도 피어올랐다. 몸속에 한가득 품고 있다가 툭 하고 건드리면 나오는 바이러스처럼, 우울도 살며시 고개를 들어 얼굴을 내비쳤다. 알록달록 약을 먹게 된. 만병의 근원인, 스트레스를 받는 원인을 찾는 생각의 여행도 떠나보았다. 첫째는, 감당할 수 없이 늘어난 업무로 인한 회사의 스트레스. 둘째는, 결혼은 언제 하는지에 대한 부모님의 압박 질문과 결혼을 할 수 있을까에 스스로에 대한 압박. 셋째는, 내 몸속 장기에 대한 무의식적 불안과 두려움의 부정적인 생각이 아닐까.

커다란 종양으로 변해버린 한쪽 난소를 제거하면서, 깨어나자마자 동생이 큰 수술 지나간 걸 알려주었다. 그 이후 조직검사를 통해 나는 '난소섬유종'이라는 병명을 갖게 되었다.

"난…. 고작 30살밖에 안 되었는데. 아직 미혼인데……."

몸속에 하나밖에 남지 않은 난소. 남은 소중한 난소를 잘 지키지 않으면, 예전처럼 눈뜨고 코 베이는 식으로 잃어버릴 두려움이 나도 모르는 사이에 뿌리 깊은 불안으로 자라나고 있었다.

'결국 나머지 하나마저 잃게 된다면…?'

이 작은 생각은 눈덩이처럼 커져, 나를 덮치려 하고 있었다. 내 주변의 모든 불안과 상처, 사회적 시선을 빨아들이며, 내 안에서 점점 거대한 그림자를 만들었다. 그것이 코앞으로까지 다가왔을 땐, 내 몸집 10배를 넘어선 듯한 크기로 나를 압도해 온 듯했다.

'예비 시어머니가 이런 문제를 가진 나를 안 좋아해서, 압박하시면 어쩌지….'

'만약에 아이를 낳을 수 없게 된다면, 불행한 결혼생활이 시작될까?'

'지금은 아이가 없더라도, 당신만 건강하면, 그걸로 충분해. 라며 사랑의 속삭임을 해주지만, 나이가 들어서 아이를 가지지 못해서…. 헛헛한 마음으로 자기 아이를 낳아 줄 수 있는 다른 여자한테 가지 않을까…?'

'나이가 들고, 아이 없는 삶에 허전함이 깊어졌을 때, 다시 우울의 늪

에 빠지지는 않을까?'

'아무리 기술이 좋아도, 난소가 없기에. 결국 난임센터조차 가기 어려운 건 아닐까?'

'아. 그런데 이 모든 건 내가 결혼했을 경우, 생각할 수 있는 부정적인 생각이다. …아니, 어쩌면 결혼 자체를 못 할 수도 있겠지.'

그 모든 상상은 어쩌면 '여자구실'이라는 낡고도 뿌리 깊은 단어에서 비롯되었는지도 모른다. 궁금해서 네이버 사전에 찾아본 '여자구실'. 내가 생각한 뜻과 실제로도 사전에 나와 있는 뜻이 일치해서 놀랐다. 요즘은 경제력이 어느 정도 있다면, 비혼을 선택하는 사람들도 많다. 혼자 사는 것이 더 자유롭고 편안하다고 느끼기에. 이 추세에 맞춰 나도 비혼을 선택할 수도 있었다. 하지만 그것이 자발적인 선택이 아닌, 어쩔 수 없는 선택으로 비롯된 비혼이라면, 너무 슬프게 느껴진다. 여자구실을 못 해서, 하지 못하는 결혼…. 그런 것 말이다.

그저 머릿속으로 지나치기만 하던 무의식적인 망상들을 글로 풀어내 보니, 보는 사람도 불편할 수 있을 정도로 아직 일어나지도 않은 막장 드라마의 주인공이 되어있었다. 혹시, 망상과 불안의 무의식이 내 장기들에까지 스트레스를 줘서, 알록달록 약을 먹게 만든 건 아닐까. 몸이 먼저, 마음에게 보내는 신호였을까.

그래서 다시 마음을 다잡는다.

"지금이라도 정기검진 잘 받고, 건강을 유지하기 위해 잘 움직이고, 잘 먹으면 되지! 힘내보자! 노력해 보자. 지금 내가 가지고 있다고 나머지 하나에 더욱 감사해야 할 때야!"

명상을 매일 실천 해보기로 했다. 과거와 미래에 관한 생각은 떨쳐버리고, 현재. 현존에 대해 집중적으로 노력하기로. 주위 사람들의 응원은 들을 때만, 힘이 날 뿐. 혼자 있으면 잊어버리기에 십상이다. 다이어리에도 현재에 집중해야 하는 운동, 건강한 식사, 꾸준한 루틴들을 다시 기록해 본다. 지금은 비록 누워있지만, 지금, 이 순간에 내가 할 수 있는 것들을 차곡차곡 쌓아 나가보기로 했다.

심장처럼, 없어서는 안 될 소중한 나의 난소. 지금 내 몸에 남아있는 단 하나. 그 존재에 감사하며, 나는 다시 현재로 돌아왔다. 과거의 상처에 머무르지 않고, 미래의 두려움에 지배당하지 않으며 지금, 이 순간, 나에게 주어진 삶에 온전히 집중하기로. 하나라도 남아있는 것에 감사하며. 오늘도 살아 있음을 다정하게 안아 주기로.

5

내 몸에 대한 숙고

"만약 내가 귀도 들리지 않고, 눈도 안 보이고, 자궁도 안 좋고, 목디스크도 악화된다면?"

문득 사소한 통증들이 심각한 수준이 된다면, 어떻게 살아갈까. 과연 살아갈 수는 있을까. 갑자기 떠오른 단순하면서도 깊은 상상력 씨앗이 내 속에 뿌리내리며 불안으로 자라났다. 가끔 귀에 이명이 들리곤 했다. 샤워기에서 쏴아아아하고 내리꽂는 소리 조차 너무 크게 들려서 귀가 찢어질 듯한 일상생활 불편함을 겪곤 한다.

눈은 365일 건조상태이다. 30대 때 생긴다는 부작용을 무시한 채, 대학생 때 라섹을 하고 나서 얻은 안구건조증. 평소에도 인공눈물과 안약을 달고 산다. 하루라도 넣지 않으면, 너무 간지러워서 비비다가 각막에 상처가 생긴 날도 한두 번이 아니다.

자궁도 예외는 아니다. 소리소문없이 안 좋아진 자궁. 난소 하나를 제거하고 나서, 심장처럼 한 개 밖에 없단 생각에, 더 신경 쓰이게 되는 장기 중 하나이다. 현대 사회엔 자궁질환을 가진 여성들이 많다고 한다. 나도 그 통계에 포함된 듯 하다.

목디스크는 말할 것도 없다. 언제부터인가 목디스크의 통증이 더 심해졌다. 언제부터 자세가 똑바르지 못했던 걸까. 무엇이 원인일까. 어떤 베개를 써도, 어떤 자세로 누워도 해소되지 않던 묵직한 무게를 견디는 게 힘들다. 심한 날엔, 정말 목을 베어버리고 싶어질 정도였다. 목덜미에 곰 한 마리가 앉아있는 고통을 겪지 않은 사람은 모른다.

지금은 매일 계속 스트레칭도 하고, 등 근력운동도 하고, 목덜미, 흉쇄유돌근, 승모근을 열심히 마사지하고, 요가를 통해 그나마 나아지고 있다. 매일 가슴과 척추를 똑바로 피는 자세가 너무나 불편하지만, 익숙해지려고 노력한 만큼, 통증도 조금씩 사라지는 중이다. 하지만, 잔잔한 통증은 평생 안고 가야겠지.

"지금의 장기들이 온전하지만, 언젠가 하나라도 더 온전치 않게 된다면?"

산책하며 문득 이런 생각할수록 마음 한 켠이 참담해져만 갔다. 젊을 때 약간 아프다가도 빠르게 나았던 것들이 나이 들어선 완전히 무너질 수도 있다는 두려움과 슬픔이 한가득 나를 덮쳤다.

그래서 젊을 때라도 눈이 안 보일 것을 대비해서, 예전에 배우려던 점자를 다시 배우기 시작해 볼까? 지금은 괜찮지만, 귀도 안 들리는 걸 대비해서, 보청기를 구매할 수 있는 돈을 마련 해두려면, 미리 적금을 들어둘까? 등등 보험 말고 실질적인 대비책을 준비해야 할 시점이 다가오고 있지는 않을지, 불안이 한가득 나를 감싸 안았다.

"설령 점자를 배운다 한들, 모든 감각이 무너진다면 무슨 소용일까."

눈도 귀도 닫히고, 목도 아프고, 자궁도 망가진다면. 칠흑같이 깜깜하고, 어두운 세상에서 머리부터 발끝까지의 전체적인 고통을 느끼며, 누워만 있어야 하는 남은 삶이라면, 그때 진짜로 중요한 건, 외부적인 대책안이 아니라, 내 안의 강건하고, 단단한 내면이라는 사실을 깨달았다.

몸이 썩어 문드러져도, 긍정적인 생각을 하기 정말 쉽지 않겠지만, 나에게 처한 상황에 대해서 그대로 수용하고, 나를 괴롭혀 왔던 것들을 용서하고, 사랑하고, 감사하는 마음을 가지는 것. 모든 상황과 주위 사람들에게 존중의 자세를 가지는 것, 그리고 얼마나 힘든지 나라도 나 자신에게 연민의 마음을 가지며 다독여 간다면, 고통 속에 있지만, 내적으로 단단한 삶을 이어 나갈 수 있지 않을까. 결국 답은 마음에 있었다.

ENFP라 그런가…. 내 성향이 너무 극적인 상상을 많이 해서 문제이지만, 그래도 이런 상상 간접경험을 통해서, 앞으로 어디에 중심을 두고 살아야 할지, 어떤 것에 에너지를 집중해야 할지. 깊은 통찰을 한 느낌이다. 부엌에 물 한 컵을 들이키다, 무심코 눈에 들어온 약봉지 하나.

'그래. 여기서부터 다시 시작하자. 작은 약봉지를 멀리하는 것부터, 그 시작점을 만드는 것 일거다.'

요즘도 '우울'이라는 녀석이 내 안에 온갖 어지럽히고 있었기에, 그 녀석 때문에 벌어지지도 않은 수백 가지의 안 좋은 상상을 하고 있다는 걸 알아차렸다.

"우울을 이기려면 뭘 해야 할까?" 노트북을 펼쳐 인터넷 검색을 하기 시작했다.

"운동."

어쩌면 너무나 단순한 그 단어가 지금 내 삶의 해답일지도 모른다. 사람이 살아가면서 건강을 유지하기 위해서는 기본적으로 3가지만 잘 지키면 된다고 한다. 건강한 식사, 건강한 수면, 건강한 움직임. 그것만 지켜도 무너진 인생을 일으켜 다시 흐른다고 했다. 특히 특히 우울감을 이겨낸 수많은 사람들이, '운동'을 통해 마음의 감옥을 빠져나왔다는 연구 결과와 사례들을 엄청나게 많이 찾아볼 수 있었다.

어느 블로그에서 한 그녀를 우연히 보게 되었다. 레깅스를 입고 달리는 그녀의 뒷모습은, 마치 그림자 속에서 빛나는 별처럼 보였다. 주변에 햇살도 없는데 어둠 속에서 그녀 스스로 빛을 내고 있었다. '멋지다.'라는 말이 입 밖으로 저절로 나왔다. 꾸준히 기록하고, 묵묵히 걸어온 그녀. 다른 글도 찾아보니, 참으로 꾸준하게 기록했다.

'그래. 나도 할 수 있을 것만 같아. 작게라도 한걸음씩 해 보는 거야.'

그 모습에 감탄하며 나도 결심했다. 그녀의 기록이 내 마음에 희망의 불씨를 지폈다. 다시 노트북을 덮고, 조용히 내 안의 다짐을 껴안아본다.

05

우울함을 깨기 위한 노력

"운동은 나에게 작은 의식을 주었다.
흘러내리는 땀은 고요하게 웅크린 절망의 그림자를 비추는 빛이 되었다."

1

무기력감을 극복해 내는 무기

　평소와 다름없이 길을 걷고 있었을 뿐인데, 신발 끈이 갑자기 풀린 듯 무기력감은 갑자기 나를 덮쳤다. 이렇게 갑자기 반갑지 않은 무기력이라는 손님을 수개월간 맞이하며, 심적으로 허우적거리며 살아갔다. 이 손님을 수없이 만나다 보면 우울이라는 파란 무기력 절친 녀석도 내 어깨를 감싸며 어깨동무하고 있다는 걸 발견하게 된다. 어쩌면 살아가면서 많은 사람이 한 번쯤은 이런 감정을 느껴봤지 않을까. 사람마다 회복탄력성의 강도는 다르다지만, 나는 참 약해 보였다. 이 무너진 나를 어떻게 다시 단단하게 세울 수 있을까. 고민 끝에 도달한 결론은 '지금 하고 있는 운동, 놓지 말고 계속하자'였다.

　모두가 너무나 중요성을 잘 아는 '운동'.

　귀에 못이 박히도록 인생에 있어서 꼭 필수적이라는 '운동'.

　건강검진 때 비만이든 무엇이든 원인은 운동 부족으로 꼭 해야 한다고 의사 선생님께 듣는 그 '운동'.

삶을 일으켜 세워주는 기둥처럼, 이제 운동을 회복탄력성으로 키워주는 '무기'로 삼기로 마음을 굳혔다. 이 다짐을 계속 기억하기 위해, 깨끗한 다이어리를 한 장 펼쳤다.

"운동. 나만의 강력한 회복탄력성 무기."

무의식적으로 휴대폰을 들어 유튜브에 운동을 검색했다. 이리저리 영상들을 구경하다 우연히 한 눈에 들어온 북튜브. 영상. 그 안에는 나와 닮은, 그러나 나보다 조금 먼저 '무기력'이라는 괴물과 맞서 싸운 한 여성이 있었다. 그녀의 이름은 벨라 마키였다.

정신질환, 불안증, 공포증이라는 녀석들에게 가드도 못 올리고 무방비 상태로 흠씬 두들겨 맞고 있었다. 그녀는 '달리기'라는 단순한 운동을 통해서 가드를 올려서 대항하면서 싸웠다. 그 결과 지금은 나름의 큰 성과를 거두면서 지내고 있다는 희망의 메시지를 책으로 전해주고 있다. 예전에 밖을 제대로 나가지도 못했지만, 이제는 10km 이상씩 달리는 멋진 사람으로서 말이다. 그녀는 자신의 경험을 한 권의 책으로 남겼다. 『시작하기엔 너무 늦지 않았을까? 나를 살린 달리기』그 책은 작은 성취, 작은 성공의 감각이 무기력을 이겨내는 열쇠라고 말한다.

삶의 실패가 누적될수록 무기력이 오니, '이거 해서 뭐 해. 해 봤자. 나는 안돼'라는 체념들이 쌓인다. 무기력이라는 철벽이 내 몸집보다 더 커 보이고, 감히 덤벼들 수 없는 커다란 벽이 되어 나를 짓눌렀다. 이 벽을 영원히 넘을 수 없을 것 같은 절망만 보였다.

하지만, 하루는 용기를 내어 벽을 부숴 한꺼번에 다 무너뜨리려 하기보다는 그 속에 작은 균열을 내보기로 했다. 그 틈이 조금씩 커지면 언젠가 무너뜨릴 수 있다는 작은 희망의 관점이 나를 변화시킬 수 있을거라고. 그러다 보면, 큰 철벽의 허를 찌르는 약점을 발견하고 바로 무너뜨릴 수 있다는 믿음과 더불어 자존감도 상승할 것이라는 막연한 생각이 마음 속에서 몽글몽글 솟아 올랐다.

운동만큼 계획을 세세하게 짤 수 있는 것도, 나 자신을 객관적으로 마주하게 하는 것도 없었다. 그래서 다시 내가 끌리는 모든 걸 다시 시작해 보기로 했다. 예전에 했던 운동들을 되돌아보니 달리기, 자전거, 맨몸운동, 헬스, 필라테스, 크로스핏 등등 많이도 했다. 이중에도 나의 현실에 맞게 나를 일으킬 수 있는 건 무엇일까.

한 때는 새벽에 일어나, 실내 자전거를 30분 이상 타려고 노력했었다. 자전거 단계를 8단계로 두고, 열심히 타면서 책을 읽다 보면, 어느새 몸 앞, 뒤로 흥건하게 젖어있다. 몸에서 눈물 대신 땀을 쏟아 내니, 남다른 좋은 에너지가 느껴졌다. 매일 새벽 6시에 일어나 진짜 더도 말고, 덜도 말고, 30분만 하자라며 일어났다.

주거환경이 바뀐 지금은 요가로 바꾸었다. 예전엔 너무 정적이여서 운동이 되나 싶었다. 하지만 본격적으로 요가의 세계에 뛰어드니 신세계를 맛보았다. 유연성 향상뿐만 아니라 체온이 오르고, 근육이 불타올랐고, 칼로리가 녹아내렸다. 아사나 동작 하나하나에 집중할수록, 내 몸이 보내는 신호와 간질간질하게 느껴지는 내면의 고유감각을 느끼는 일들이 자연스러워지고 있다. 정신과 육체를 동시에 보듬어주는 이 운동. 이제는 일상의 일부로 점점 스며들고 있었다.

운동은 나에게 작은 의식을 주었다. 흘러내리는 땀은 고요하게 웅크린 절망의 그림자를 비추는 빛이 되었다. 그 땀이 흘러나올수록, 나는 살아있음을, 존재하고 있음을 더 깊이 실감했다.

무기력하고, 우울하고, 자존감이 낮았던 나. 자살 충동까지 느껴서 시도까지 해보려던 나였다. 그 깊은 절벽 끝에서 다시 살아갈 수 있었던 무기는 어쩌면 정말 '운동'이었으리라.

지금도 힘들 때마다 내가 느꼈던 감정들을 쓴 글을 다시 읽어보곤 한다. 또한 1-5분씩이라도 조금씩 다시 걷기 시작 해 본다. 희망을 잃어버렸던 그 순간을 되짚으며, 한 줄씩 한 걸음씩 다시 시작한다. 움직이면 생각이 달라지고, 뛰면 의지가 깨어난다.

그래. 이렇게 벨라마키 작가처럼, 나도 나만의 속도로 달리고 있다. 조금씩 도전하면서 작은 성취를 맛보는 과정을 즐기는 나만의 무기가 더욱 단단해지길 바란다. 어느새 무기력과 우울, 낮은 자존감으로 할 수 없었던 많은 일을 어느새 잘 처리하고 있는 자기 자신을 발견하리라. 예전의 무기력감은 지울 수 없어도, 나도 몇 년간 벨라마키 작가처럼 가드를 올리며 무자비하게 들어오는 공격을 막을 정도는 되지 않을까. 그것으로도 충분하다. 충분히, 난 잘하고 있다.

2

한계는 내가 설정한다

 무슨 운동이든 해보기로 결심 후, 집에서 혼자 요가를 하고 있었다. 그러다 우연히 집 근처 스포츠센터가 완공되었다는 소식을 듣게 되었다.
 '오…. 플라잉 요가?'
 헬스, 수영, 플라잉 요가, 댄스 등등 내 눈길을 사로잡는 운동프로그램이 너무나도 다양했다. 시간대별로, 요일별로 다양하게 배정해서 모든 운동 다 하고 싶었다. 시군청에서 하는 거라 가격도 너무나도 싸서 지름신이 발동할 듯 말 듯 했다. 그러다가 제일 하고 싶은 건 뭘까 고민해봤다. 대학교 1학년 때, 집 근처에서 한 달 다녀본 플라잉 요가가 생각났다. 그때도 너무 재미있었는데, 사정이 여의찮아 아쉽게 그만두었던 아쉬운 기억으로 남아있어, 이참에 다시 시작해 보고 싶어졌다.
 "으아아아악…. 선생님 허벅지 너무 터질 것 같아요."

플라잉요가를 야심차게 시작했다. 괴로워하는 비명 소리가 요가실을 가득 채웠다. 오른쪽 허벅지에 두 번 칭칭 감긴 해먹 천. 이 녀석들이 오래 묵혀둬서 딱딱해진 지방들을 없애는 데 도움을 줄 거라는 선생님의 조곤조곤한 목소리는 왼쪽 귀에서 오른쪽 귀로 흘러나오고 있었다. 자신만만하게 도전했던 의지 가득하기에, 머리로는 이해해도, 몸으로 겪는 고통은 전혀 다른 차원의 인내를 요구했다. 아픔을 참지 못하고, 이내 해먹을 풀어 포기하는 사람들이 속속 발생했다.

'후…. 후….'

옆에서 포기하니까, 나도 따라서 포기할까 잠깐 고민되었다. 하지만 나는 버텨냈다. 한 숨마다 고통을 조금씩 밀어내 주길 바라며, 입술 사이로 천천히 숨을 흘려보냈다. 허벅지 근육, 꽉 쥐어짜는 양쪽 팔뚝 근육에 느껴지는 고통. 이 고통도 잠시라고 생각하면, 못 해낼 것이 없었다. 비둘기 자세, 몽키 자세, 박쥐 자세, 루나 자세에서 해먹 천으로 두 번 허벅지를 감아서 고난이도 창문 열기 자세까지 하나하나 새로운 움직임에 나 자신들을 던졌다. 막상 안 될 것 같던 모든 동작들을 해내고 나면 힘든 수련의 과정을 완벽하게 이겨낸 것 같이 뿌듯함이 몰려왔다. 생각을 지우고, 오롯이 선생님의 리듬에 몸을 맡기는 것. 그것이 비결이었다. 그 성취감은 이루 말할 수가 없다. 작은 성취 하나가, 내 안의 자신감을 살짝 들어 올려주었다.

되든 안 되든 일단 도전하는 자세. 일단 시도해 보는 자세는 정말 중요하다는 걸 운동하면서 많이 느꼈다. 플라잉 요가를 하면서 자신의 한계는 내가 설정하기 나름이라는 걸 배웠다. 오늘은 여기까지라고 그만을 외친다면, 나는 그저 거기까지인 사람이었다. 하지만, 그만을 외치는 것 대신, '더 나아가 허벅지를 감싸는 동작을 해보자. 선생님을 따라서 계속 동작을 하나하나 따라가 보자.'라고 한 걸음씩이라도 조금씩 나가자며 마음 속으로 외치고 움직이니, 일단 해내는 나 자신을 발견했다. 플라잉 요가에서도 이러한 깨달음을 얻고, 적용할 수 있는데, 인생은 어떠할까. 용기는 두려움을 모르는 것이 아니었다. 두려움을 안고 앞으로 나가는 것이었다.

그래, 내가 할 수 있는 것에 한계를 설정하지 않기로 했다. 나는 뭐든지 마음만 먹으면 할 수 있는 사람이라는 걸 잊지 않기로. 독서든, 글쓰기든, 업무든 자신에 대한 한계는 없다. 내가 하고 싶은 건 다 할 수 있으니까. 우울이라는 어둠으로 가능성의 반짝이는 빛을 가리지 말자.

플라잉 요가 수업을 마치고 집 가는 길. 어둑어둑한 밤 속에서 곳곳에 켜진 가로등 빛이 보였다. 라라랜드의 주인공들처럼 나만의 멋진 무대처럼 보인다. 반짝거리는 인생의 무대.

3

안녕하니…?

 어제 플라잉 요가를 너무 열심히 했던 탓일까. 눈을 뜨니 벌써 7시다. 목표 기상은 5시 30분이었는데…. 어제도, 오늘도 스스로와의 약속을 지키지 못했다. 에어컨이 없는 집에서 선풍기 바람에 몸을 맡겨 자다 보니, 무더운 여름밤 깊은 잠에 빠져들어, 아침에는 실망감으로 하루를 맞이했다. 예전 같았으면, 이 작은 실패의 실망감 하나로 우울하게 출근길에 올랐을 테지만, 오늘의 나는 조금 달랐다.
 운전석에 앉자마자, 손가락은 무의식적으로 내비게이션 앱보다 명상 유튜브를 먼저 누르고 있었다. 예전과 다르게 마음을 다스리며 시작하는 하루. 운전하기에 눈을 뜨고는 있지만, 명상 가이드에 따라 숨 쉬며, 마음의 눈으로 들숨과 날숨을 통해 내 코에서 느껴지는 미묘한 공기의 흐름에 집중하며 나를 느꼈다. 고요한 숨결은 나를 평안하게 만들었다.
 20분간의 명상 영상이 끝나고, 차에 내리려던 그때. 자동으로 틀어진 '수면 유도 명상 26 - 존중 명상(Respect meditation)' 영상 ('김주환의 내면소통' 유튜브 채널). 원래 잠자기 전 듣는 용도였지만 특이하게 출근길에 갑자기 마주하게 된 건 우연이 아니었을지도 모른다.

숨을 크게 들이쉬었다. 3초간 멈췄다. 후~ 하고 6초 내쉬었다. 또한, 게슴츠레 눈을 떴다가 감기를 반복했다. 걸으면서 영상의 소리에 집중했다. 영상이 흘러나오는 동안 발걸음은 회사로 향하고 있었지만, 마음은 천천히 내면으로 향해 가고 있었다.

"요즘 내 모습이 어떤지 떠올려 보세요. 만족스러운지, 아니면 불만스러운지. 그걸 알아차려 봅니다."

책상에 도착하자마자 갑자기 이 말에 뭔가 알 수 없는 울컥함이 올라왔다. 1시간 전에 침대 위에 앉아 불만족스러움을 느꼈던, 작고 흐릿한 자책감이 떠올랐기 때문일까. 아니면 그럼에도 불구하고 만족스러움을 찾으려고 명상하며 노력하는 나 자신을 발견하는 내가 문득 고마워졌기 때문일까. 떠오르는 기억과 감정이 뒤엉켜 목이 메었다.

사무실에 도착하자마자 방탄 커피 한잔 들고 와서 자리에 앉았다. 모니터 앞에 앉았지만, 아무것도 할 수 없었다. 아무도 없는 공간에서 잠시 1분 만이라도 나에게 집중해 보고 싶었다. 그저 고요하게.

"뭐 이 정도면 됐지. 라고 하며, 대략 3분의 2 정도의 사람이 자기 모습에 만족합니다. 한 3분의 1 정도는 약간 불만족스러운 것부터 매우 불만족스러운 것까지 다양하게 느끼는 사람들이 있습니다. 여러분은 어느 쪽에 속하는지 느껴보세요."

'저는 3분의 1 정도에 해당하는 것 같아요.'

한숨을 내뱉으며 무심코 중얼거렸다.

"내가 내 모습을 생각했을 때, 기분이 좋기도 하고, 기분이 나쁘기도 하고, 만족스럽기도 하고, 불만스럽기도 하고, 여기서 우리가 분명히 알 수 있는 건 '나'가 둘이에요."

'나'가 둘이라고요.? 흥미로웠다. '나'가 둘이라니.?'

"만족스럽거나 불만스러운 모습을 지닌 나. 그 사람을 만족하거나 불만을 품는 사람이 또 있어요. 그 둘을. 느껴보세요. 그 둘을 알아차려 보려 하세요."

'나'가 둘이라니, 놀라운 말이었다. 그 두 존재를 느껴보려고 노력했다. 이 집중하는 느낌이 어렵지만, 계속 느껴보고 싶었다. 기대에 못 미친 나를 비판 하는 '나' 그리고 그 나를 바라보며 고개를 끄덕이는 또 다른 '나' 이게 바로 나와의 소통일까. 그 두 '나'를 인식하는 순간, 나 자신과 진짜 대화를 시작한 듯 했다.

"불만을 품는 '나'는 언제나 완벽을 요구합니다. 흠잡을 틈 없이 완벽해야만 한다고 믿기 때문에, 엄청난 높은 기준에 미치지 못하면 끊임없이 자신을 몰아세우죠."

'그래, 그거네.'

이게 그런 기준이라고 생각하지 않았었다. 하지만 무의식적으로 불평불만하는 '나'는 높은 기준을 가지고 있었다. 매일 5시 30분에 기상해서 운동하고, 하루를 시작해야만 '괜찮은 나'라는 기준. 5시 30분에 일어나서 헬스나 수영으로 하루의 시작을 운동하면 뿌듯했다. 그래서 문제없이 해내면 마음속에는 만족이 가득찬 채로 하루를 시작했다. 그러나 이 기준을 넘지 못하는 날(5시 30분을 넘겨 피곤한 탓에 7시 기상할 때면)은 스스로 '불량품' 취급하며 우울에 빠져들곤 했다. 완벽하지 않으면 나를 결국 사랑할 수 없었다는 걸 이제야 알아챘다. 결국 스스로의 가장 큰 가해자는 '나'였다. 직접적으로 채찍질하고, 우울하게 만든 원인은 나였다.

오늘 아침 명상은 정말로 깨달음을 많이 주는 명상이어서 너무 감사했다.

"개(불만스러운 '나')는 뭐가 잘못되어 있는지 다 알고 있거든요. 흠잡을 곳이 없거든요.

그 '나'에게 한마디 하겠습니다."

변지혜야….

나는 너를 존중한다. 내 안에 있는 너는 완벽하다.

나는 너를 진심으로 존중한다.

너는 맑고 투명하다.

만년설을 뒤집어쓴 거대한 산처럼

대자연의 신비처럼

엄청난 경외심을 불러일으키는 너.

나는…. 너를 진심으로 존중한다.

내 안에 있는 완벽한 너.

계속 나를 지켜봐 주길 바란다.

나는 너를 존경한다.

나는 내 안에 있는 너를 한 없이 존중한다.

이 영상의 제목답게, 계속 자기 존중하도록 되뇌게 했다. 그 말을 듣는 순간, 무언가 가슴 깊숙한 곳에서 나를 녹아내리게 만들었다. 오랜 시간 묵혀 있었던 자책감, 실망감, 미움이 조용히 으스러지는 느낌. 나는 그저 눈을 감고 조용히 나 자신을 안아 주었다.

"괜찮아. 오늘도 여기까지 온 너는, 잘하고 있어."

입꼬리는 한껏 올라간 채, 얼굴은 모니터로 향했다. 답답했던 가슴은 한결 가벼워졌고, 부드러워진 손끝은 키보드를 조심스레 두드리기 시작했다.

4

나에게 소확행이란

우연히 커뮤니티 사이트에서 "당신의 소확행 (작지만 확실한 행복)은 무엇인가요?" 질문을 보게 되었다. 어떻게 말할 수 있을까? 잠시 앉아있는 책상에서 뒤로 한걸음 떨어져 앉아, 흰 천장을 바라보았다.

요즘 나의 소확행은 아프다는 핑계 대지 않고, 그저 묵묵히 끌리는 운동을 하는 것이었다. 눈물 대신 땀을 내는 것. 그것이 나만의 작고 확실한 행복이었다. 그때는 자궁 쪽 수술한 지 벌써 일주일이 다 되어가던 때였다. 몸을 가만히 쉬어주는 게 중요하다길래, 정말로 가만히 있었더니, 공들여 쌓았던 근육들은 모래성처럼 무너져버렸다. 뱃살과 허벅지도 원상 복귀. 즐겨하던 플라잉 요가도 중단한 상태였다.

하지만, 더는 멈춰 있을 수는 없었다. 다시 움직이기 시작했고, 아프다는 핑계를 대지 않기로 했다. 아프니까. 가만히 있는 건 내 체질에 맞지 않았다. 움직이는 것만이 이 우울의 먹구름을 걷어 낼 수 있을 것 같앉다.

그날 점심 무렵, 곧 몰아칠 태풍의 전조처럼 바람이 많이 부는 날이었다. 펄럭이는 옷자락을 뒤로하고 땀도 내면서, 식후 30분 걷기를 했다. 회사를 벗어나기만 하면 좋은 건지, 걷는 자체가 좋은 건지. 구별은 안 되지만, 어찌 됐든 땀을 내면서 몸을 움직이는 그 순간만큼은 행복한 것이 분명했다. 한 걸음 한 걸음 내디딜 때마다 '내가 걸을 수 있다'는 것에 감사함이 살아났다. 예전처럼 수술 부위가 쿡쿡 찔러서 아파서 걷지도 못할 때와 비교한다면, 이 정도는 정말 건강한 상태였으니 말이다.

'오늘은 오랜만에 플라잉 요가를 가야겠어.'

오랜만에 조금 격렬한 운동이 하고 싶어졌다. 천천히 몸을 늘리는 자세도 좋지만, 해먹을 타고 빙그르르 도는 몽키 자세, 해먹 사이를 헤엄치듯 움직이며 사타구니에 해먹을 걸고 힘을 주는 동작들. 그런 동작 하나하나가 몸을 깨우고 나를 살아있게 만든다는 느낌을 느끼고 싶었다.

'야호, 퇴근이다.'

집에 도착하자마자, 냉동실에서 있는 닭가슴살과 표고버섯을 꺼내 해동했다. 달궈진 프라이팬에 구워, 입속으로 진공청소기가 빨아 당기듯 흡입했다. 꼭꼭 씹어먹어야 하지만, 시간이 부족했다. 조금 일찍 가서 기다려야겠다는 생각에 빠르게 먹을 수밖에 없었다.

'후…후…후…'

요가실에 도착하자, 플라잉 요가 수업이 시작되었다. 선생님의 안내에 따라 한 동작씩 따라 하며 땀을 흘렸다. 역시 쉽지 않지만, 도전하는 그 느낌 자체가 아드레날린을 솟구치게 만들었다. 정신없이 흘러간 1시간, 마지막 순서로 해먹 속 휴식 시간을 맞이했다. 마치 엄마 뱃속에 있는 것처럼 주변이 포근하게 감싸는 기분은 마음을 편안하게 만들었다. 가슴, 배, 허벅지, 팔, 머리 등등 마음의 눈을 온몸 구석구석 가져가 봤다. 몸과 마음이 연결되는 고요하고도 진한 순간이었다.

요가나 플라잉 요가는 단지 운동을 넘어서, 내 편도체를 진정시키고 내면을 안정시켜 주는 나만의 리듬이었다. 그 흐름 속에서 나는 진정한 소확행을 발견했다.

앞으로도 다양한 운동을 시도해 보며, 소소하지만, 확실한 행복을 확장해 갈 생각이다. 어떤 움직임이 나에게 맞는지, 내가 무엇을 좋아하고, 무엇을 잘할 수 있는지, 무슨 운동을 제일 좋아하는지, 작은 퍼즐 조각을 하나씩 모으듯 찾아갈 것이다. 그러다 보면 1,000조각의 퍼즐처럼 나만의 인생의 그림도 죽을 때 되면, 완성되어있겠지. 조각마다 소중한 의미가 담겨있는 퍼즐. 나의 소확행 퍼즐.

샤워 후, 씻고 누운 침대. 오른쪽으로 고개를 돌렸다. 베란다 너머로 보이는 별빛들이 유난히 반짝이고 있었다. 멀리서 들려오는 시원한 바람 소리와 함께, 그 별빛들이 나를 은은하게 다독였다.

5

발레가 좋아진다

플라잉 요가의 약빨은 그리 오래 가지 않았다. 아침과 저녁 루틴에 꼭 독서, 글쓰기, 운동을 꼬박꼬박 넣으며 정신없이 지낸 요즘. 아무리 열심히 해도, 허한 마음이 사라지는 건 잠시뿐이었다. 그러다 주말, 독서 모임에 나가서, 만나게 된 발레 선생님. 유아들 대상으로 하다가 성인 클래스도 연다는 소식을 전해주셨다. 모임원들의 분위기는 다 같이 발레를 하는 쪽으로 기울었다. 요가 약빨도 떨어진 것도 운명의 장난인가. 새로운 운동 '발레'가 나를 끌어당겼다.

"지금 기회가 왔을 때 해야지! 언제 이런 걸 해보겠어.~~"

독서 모임을 같이 하시는 40대, 50대 회원들도 이런 기회 아니면 언제 해보겠냐며 흔쾌히 동참했다. 맞다. 나는 나이가 많다면 많고, 적다면 적은 나름 파릇파릇 30대이다. 운동에 나이가 무슨 대수랴. 친한 분들과 함께하니 너무 좋았다. 새로운 운동을 여러 가지 도전하는 걸 좋아하는 성격답게, 길게 고민할 것 없이, 바로 금요일 클래스를 신청했다.

그렇게 내 운동 루틴에 플라잉 요가, 요가, 헬스에 이어 '발레'로 새로운 꽃이 피어났다. 네 송이 운동의 꽃이 저마다 다른 빛깔들로 나의 일상을 아름답게 채워지고 있었다. 나만의 예쁜 정원이 생긴 듯 했다.

사실 '발레'는 일반인이 절대 범접할 수 없는 영역이라고만 생각해왔다. 어릴적, 남의 얘기처럼 느껴졌었는데, 지금 내가 직접 취미로 배울 수 있다는 사실이 놀랍고 감사했다. 처음 발레복, 타이즈, 슈즈를 갖춰 입었다. 몸의 선이 훤히 드러나는 것이 부담스러울 수도 있지만, 동시에 내가 어떻게 움직이고 있는지 고스란히 비춰주는 '거울'같은 옷이었다. 움직임 하나하나 더 의식되고 집중될 수 있는 옷. 내가 몸 관리를 잘하고 있는지 바로 결과를 보여주는 옷이었다.

"자. 스트레칭부터 갈게요."

발레의 기초 손동작, 발동작으로 30~40분정도 몸을 풀고, 안무를 이어나갔다. 눈동자는 선생님, 같이 배우시는 분들, 나한테 계속 옮겨 다닐 정도로 어색하고 민망하게 따라 했었지만, 수업이 끝나는 즘에는 미소를 활짝 머금은 평온한 나 자신과 마주할 수 있었다.

그렇게 새로운 도전의 두 달이 지났다. 어깨는 펴지고, 자세는 이뻐졌으며 내 몸의 선도 아름다워지고 있었다. 무엇보다 하면 할수록 '움직임' 그 자체가 재미있었다. 발레 선생님은 꾸준히 재미를 붙여가면서 나중에는 콩쿠르 무대도 꿈꿔보자며, 농담 반 진담 반의 큰 포부를 말씀하셨다. 나도 모르게 가능성을 상상하게 되었다. 내가 정말 할 수 있을까? 의심 반, 기대 반의 감정들이 시계추처럼 왼쪽으로 오른쪽으로 갈팡질

팡했지만, "한번 해보자! 할 수 있다! 자신감만 먹으면 다 되지 않을까?"는 희망으로 기울어가기 시작했다.

　매주 금요일 저녁 시간은 발레 클래스로 하루를 마무리하는 날로 만들었다. 불금에 즐거운 사람들과 즐겁게 춤추며, 개운하게 하루를 보낼 수 있어서 감사했다. 기회가 왔을 때, 기회를 잡아 도전하길 잘했다. 망설이지 않고 시도한 덕분에 지금 이 소중한 시간을 만끽할 수 있다.

　허한 마음이 순간적으로 스칠 때도 있다. 하지만 새로운 움직임에 몸과 마음을 던지다보면, 어느새 그 허함을 흘러가고 없었다. 그렇다. 인생은 즐거움으로 채워질 때, 비로소 빛을 낸다. 무슨 운동이든 인생은 마음이 즐거워지는 활동들로 채워지면 그걸로 된 게 아닐까. 발레가 점점 좋아진다.

6

시작한 지 6개월 만에 도전!

"아싸 오늘은 금요일!!!"

지금은 꽉 막힌 불금 도로 위를 달리고 있다. 하지만 이 답답한 정체마저도 일주일에 1번 하는 발레 운동을 할 수 있다는 기쁨을 누를 순 없었다. 퇴근 후, 운전으로 1시간 동안 달려가는 마음이 가벼웠다. 이런 답답한 도로 상황을 참아내고 달려가는 길은 문제가 전혀 되지 않았다. 오히려 얼른 가서 발레 동작 하나라도 제대로 더 코칭 받고 싶다는 마음이 앞섰다. 예전 운동에 매진했던 날들과는 다른 두근거림이었다.

이상했다. 1시간을 운동하고 집에 돌아가는 길에도 가슴을 계속 설렜다. 일주일 중 단 하루 뿐인 수업이지만, 나머지 6일은 혼자서 틈틈이 동작을 조금씩 연습해 나가는 날들로 발레의 즐거움을 채워갔다. 유튜브로 발레리나들의 움직임들을 보면서 감탄하기도 하고, 따라하면서 조금씩 신체적으로 변화하는 나의 모습에도 너무 기뻤다. 연습하면 연습할수록, 거북목처럼 굽었던 어깨와 목이 빳빳하게 펴지고, 오랫동안 나를 괴롭히던 목디스크의 통증도 서서히 사라지기 시작했다.

처음엔 어정쩡한 동작을 취할지라도, '가랑비에 옷 젖듯' 차근차근 해 나가다 보니, 어느새 몸이 기억하는 동작들이 늘어났다. 밝은 분홍빛을 내뿜던 발레의 기쁨은 내 일기장 속 하루하루를 점점더 아름답고 환하게 물들여 주었다. 언제 한가득 불안감의 시한폭탄을 가진 사람처럼 굴었냐는 듯, 미간에 있던 주름들이 어느덧 옅어져 있었다.

"지혜 선생님, 발레 콩쿠르 한번 도전해 보실래요?"
"제가요? 제가 할 수 있을까요?"
"그럼요! 제가 도와드릴게요!"

발레 선생님은 봉사 정신으로 콩쿠르 작품비를 받지 않으시고, 연습을 함께 해 주셨다. 작품은 '에스메랄다'. 이 작품은 고난이도 동작들이 많았지만, 선생님께서 발레 기본기를 잘 닦은 동작들로만 변형시켜 초보자들이 그나마 따라 할 수 있는 동작들로 알려주셨다. 결국, 겁도 없이 30대 비전공자로, 화려한 기교가 들어간 안무 대신 기본기에 충실한 무대로 콩쿠르를 도전하기로 했다.

나름 공부해 본다고, 유튜브로 '에스메랄다' 작품으로 발레 콩쿠르 나간 사람들의 영상을 살펴보았다. 그들은 화려한 토슈즈, 한발로 여러 번 도는 회전, 당당한 자세에 감탄하면서도, 동시에 내 모습이 초라하게 느껴지기도 했다. 하지만 선생님의 말처럼, 나의 무대는 오직 '기본기에 충실한 초보자의 용기' 그 자체로 충분한 가치가 있다고 믿고 가보기로 했다.

발레 콩쿠르 도전이라는 작고 낯선 돌맹이 하나가 호수에 떨어져 마음속 큰 물결의 울렁임을 만들어 냈다. 그저 상은 바라지도 않았다. 내가 최선을 다해서 무대에 올라보는 것만으로도 값진 경험치가 쌓이는 것일 테니까.

'죽이 되든 밥이 되든, 해보자. 어디서도 못 해볼 소중한 경험이니까.'

그렇게 초보의 발레 콩쿨 도전은 시작되었다. 그때 문득 벨라마키 책을 소개한 봤던 유튜브 영상이 떠올랐다. 수많은 정신적 고통 속에서도, 하나씩 성취감을 쌓아가며 자신을 회복해 가는 모습.

'그래. 나라고 못할 것 없지. 30대라고 해도, 조금씩 연습이 쌓이다 보면, 콩쿨 나갈 실력은 만들어지지 않겠어? 처음부터 주눅들지 말고 해보자!' 라는 나름의 자신감 가득한 말들로 매일 나를 다독였다.

발레 수업을 마치고 돌아가는 밤길. 창밖엔 도로 위 반짝거리는 가로등 불빛이 스쳤고, 나는 알 수 없는 두근거림에 사로잡혔다. 긴장감일까? 기대감일까? 그 모든 것이 섞여, 내 심장은 예전과 다르게 아름답게 뛰고 있었다.

7

확률게임

"하나. 둘. 읏차."

오늘도 어김없이, 발레 수업을 마치고, 홀로 남아 콩쿠르 연습을 했다. 오른발을 뒤로 보내고, 파세(passe) 동작으로 전환한 뒤, 왼발끝으로 균형을 잡아 오른쪽으로 한 바퀴 도는 그 순간. 바로 넘어졌다. 이 단순해 보이는 동작 하나가 왜 이토록 어려운 것일까. 비록 처음 하는 발레이지만, 한 바퀴는 완벽하게 돌고 싶은데 자꾸 휘청인다.

에스메랄다. 발레 선생님께서 발레에서는 기본에 기본이 중요하다고 비전공자에게 맞게 아주 기본이 탄탄한 안무로 바꿔주셨지만 그래도 나에겐 너무 어려웠다. 처음 배울 때는 한 바퀴라도 제대로 당연히 못 돌거라 생각은 했다. 처음 배우니까 말이다. 하지만 1개월 반 정도 순서를 익히면서 안무를 즐기다가 막상 콩쿠르 준비한다고 자세 하나하나를 꼼꼼히 하다 보니, 잘 되는 동작보다 안 되는 동작들이 많다는 걸 깨닫게 되었다.

특히 오른발을 뒤로 보냈다가 파세 (오른발 끝을 왼쪽 무릎에 붙이면서 꼿꼿하게 서는 동작) 동작을 하며 다시 왼쪽 발끝으로 서서 오른쪽으로 한 바퀴 도는 동작이 정말 깔끔하게 되지 않았다. 중심을 잃고 휘청이는 순간마다, 내 안의 두려움이 움직임을 방해하고 있다는 걸 느꼈다. 선생님은 괜찮다고. 용기 내서 넘어져도 되니까 힘껏 돌라고 격려해 주셨지만, 내 몸은 자꾸 움츠러들었다.

아침에는 독서와 운동(스쿼트 및 발레 연습), 낮엔 회사에서 정신없이 일 한 뒤, 저녁이면 다시 발레 연습에 몰입했다. 계속된 연습도 답이겠지만, 독서를 통해 정신적인 부분도 단련도 필요하다고 느껴 틈틈이 책을 펼쳐 들었다. 책 이름은 결국 해내는 사람들의 원칙 (최신 뇌과학이 밝혀낸 성공의 비밀) -앨런 피즈, 바바라 피즈 지금 저자-이었다. 계속된 생각에 관한 뇌파의 작용들, 확언의 힘, 긍정적인 생각들 등등 결국 해내는 사람들의 비법을 과학적인 접근으로 알 수 있는 내용이라 더욱 흥미 있게 읽었다. 그러다 책의 10장, '확률 게임'에서 이런 구절을 만났다.

"목표가 무엇이든 거기에는 몇 번 시도에 몇 번 성공한다는 일련의 구성비, 이른바 평균 성공비율이 있다. 관건은 이 비율을 발견하는 것이다. 사람들은 목표를 향하다 쉽게 낙담한다. 이 평균의 법칙을 모르고, 바로 다음에 일어날 일만 걱정하고 거기에 사기가 좌우되기 때문이다. 앞에서 말했듯 바로 다음에 일어날 일은 십중팔구 아무 결과도 내지 않는다. 잘 나가는 영업인은 이 법칙을 안다. 하지만 이 법칙이 영업에만 적용되는 것은 아니다. 모든 활동에 빠짐없이 적용된다. 평균 성공비율은 활동에 따라 사람에 따라 다르다. 나는 나의 비율을 알아내면 된다. - 결국, 해내는 사람들의 원칙 中 - "

이 문장을 읽는 순간, 내가 이때까지 실패를 마주하고, 좌절했던 순간들이 한꺼번에 떠올랐다. 특히 회사에서 10개 중의 1개라도 업무 실수하면, 상사가 내 사기를 엄청나게 떨어뜨려, 좌절감이 몰려와, 나는 '죽고 싶다'는 마음까지 들게 했던 순간도 떠올랐다.

항상 틀리던 날에는

'나는 왜 100점을 맞을 수 없는 걸까?'

'나는 이거에 대한 재능이 전혀 없는 걸까?'

'나는 꼼꼼하지 못해서, 전혀 맞지 않는 직업인 걸까?'

'지금 이것도 못하는데, 다른 것도 시도한다고 해서, 내가 잘할 수나 있을까? 내가 잘하는 건 없는 걸까?'

'재능이라는 건 도대체 뭘까? 재능이라는 게 나에게는 있기나 하는 걸까?'

실패는 나에게 곧 자격 없음의 증명이었고, 자책의 미로였다. 이런 온갖 실패에 대한 부정적인 생각들이 꼬리에 꼬리를 물면서 우울감의 우물은 깊어졌다. 너무나도 깊게 파서, 눈물이 한강을 이룰 정도로 매일 밤 울다가 잠이 들었다. 아침마다 마주하는 통통 부은 개구리 눈두덩이의 상태로 출근해서, 우울하게 일하다가 또 틀리고, 집에 가서 자책하며 지새운 날들. 내 삶은 실패에 대한 두려움으로 병들어 있었다. 전반적으로 삶의 실패에 대하는 자세가 너무나도 취약했다. 그래서 발레에서도,

그 작은 실패조차 버거웠다. 도전하고 시도하고, 실패하는 과정들이 너무나도 나를 힘들게 만들었다. 하고 또 하고 해도 안 되니까 말이다.

하지만 '확률의 법칙'을 안 이후로는 다르게 생각해 보기로 했다. 적어도 이 발레 동작 하나만큼은, 나만의 성공 비율을 정해보기로.

회사에서는 안 되겠지만, 발레만이라도 해내겠다는 마음으로 임했다.

"그래. 30번 시도에 1번 성공하는 거야. 그러니 지금 넘어져도 괜찮아!"

이렇게 나를 토닥이며, 연습해나갔다. 감정의 소용돌이를 잠시 접어두고, 통계적인 마음가짐을 장착했다. 그렇게 매일 아침과 저녁, 30번 중 1번의 성공을 쌓기 시작했다. 점차 20번에 1번, 10번에 1번, 그리고 어느새 5번에 1번까지. 성공 확률은 조금씩 올라갔다.

이렇게 마음을 달리 먹고, 연습하니, 한결 마음이 나아져 갔다. 그제서야 알게 됐다. 진짜 중요한 건, 성공이 아니라 도전하는 자세라는 걸. 확률의 눈으로 실패를 바라보니, 좌절은 더 이상 나를 끌어내리지 못했다. 실패에 대한 좌절감과 우울감을 더 이상 느낄 필요가 없었다. 지금의 실패는 곧, 미래의 성공을 위한 도약이라 생각하니, 마음이 한결 가벼워졌다. 그렇게 한 동작 한 동작을 움직이며, 계속 연습을 해 나아갔다.

확률은 희박에서 대박으로 바뀔 것이라는 믿음으로 행했다. 그러자 결국, 내가 생각한 대로 10번 시도에 1번 성공. 5번 시도에 1번 성공을 하는 확률로까지 진짜로 만들어 냈다. 정말 무슨 도전이든 마인드가 제일 중요하다는 걸 몸소 깊이 깨닫는 순간이었다. 계속 성공의 순간들이 많아질수록, 1번 시도에 1번 성공 확률로 만들어 낼 거라는 믿음이 더욱 강력해져 갔다. 거의 9시간 하루 종일 메여있는 곳의 세상은 바뀌는 건 없었지만, 발레와 독서를 통해 조금씩 내 인생의 작은 성취감과 작은 깨우침을 가져가는 느낌이 너무 좋았다. 더 일찍 깨달았다면 좋았을걸…. 이라는 아쉬움도 약간은 들었지만, 그래도 지금이라도 알아서 다행이라는 안도의 한숨이 저절로 나온다.

실패에 대해 지혜롭게 대처하는 방법이라는 주제로 영상으로도 남겼다. 우울했지만, 그래도 극복하는 나만의 역사적인 순간들의 기록을 남기며.

8

비전공자 발레 콩쿠르 1

결전의 순간이 오기까지 수많은 우여곡절을 보냈다. 수많은 나만의 소중한 느낌과 일화들을 순간들을 포착해서 브런치에 11개의 글이 만들어질 정도로, 나에게 수많은 일이 있었으니 말이다. 콩쿠르 전날까지 많은 연습으로 인해 허리가 좋지 않았다. 한의원에서 침을 맞고, 집에서 계속 황토 찜질을 허리에 대고 있었다. 눈이 떠 있을 때는 연습을 많이 못해서 걱정도 되었지만, 오히려 불안하니까 딴짓을 하게 되는 건가? 한편으로는 뜬금없이 책 퇴고를 하는 나 자신을 발견하기도 했다.

"우선순위를 생각해!"

앉아있을 수밖에 없는 내가 움직일 수 있는 거라곤 손가락뿐이었다. 그래서 책 퇴고를 하고 있었는데, 옆에서 보던 남자친구는 노트북은 덮고, 계속 유튜브 발레 영상 안무를 보면서, 발레 안무를 이미지 트레이닝을 계속하는 것이 좋겠다고 조언을 해주었다.

"그래 맞아. 이미지 트레이닝 계속해야지."

남자친구가 알려준 이미지 트레이닝. 독감 걸려서 아팠을 때도 계속 했던 이미지 트레이닝을 지금도 계속해야 한다. 내일이면 다 나을 거니까. 내일 아침에 바로 머릿속에 생각한 대로 안무를 하면 된다는 자신감을 계속 키워나갔다. 이제 안무는 사실 변화는 없을 것이다. 순서만 안 까먹으면 된다. 이제부턴 내가 어떻게 계속 움직일 것인지 기억하고, 마인드 컨트롤에 최대한 집중하는 것이 제일 중요했다. 그래서 눈을 감거나 떠 있을 때, 계속 깊게 들이쉬고, 내쉬는 호흡을 계속하며 불안감을 없애려고 노력했다.

결전 D-day가 왔다. 새벽 5시. 저절로 눈이 떠졌다. 그 전날에 너무 많이 잤던 탓일까. 따뜻한 물을 가지고, 책상 앞에 앉았다. 눈이 부신 햇살 아침의 기분 좋은 느낌과 강인한 마인드를 독서로서 장착하고 나아가고 싶었기에. 새벽 6시까지 감사일기를 적고, 세이노의 가르침 책을 폈다.

'가시적인 결과를 외부에서 찾지 말고, 내부에서 찾아라. 당신 자신의 노력을 인정해 주고 칭찬하여야 할 주체는 타인이나 직장이나 사회가 아니다. 왜 상을 누군가로부터 받으려고 하는가. 상은 당신이 자기 자신에게 주는 것이 진짜이다.

새겨들어라. 훌륭한 화가는 자기 그림이 마음에 들 때까지 붓을 놓지 않는 법이다. 당신 역시 자신이 알고 있는 지식수준에 스스로 흡족할 때까지 공부하고 노력해라. 스스로 얻게 되는 뿌듯함, 내가 여기까지 알게

되었구나 하는 벅찬 기쁨, 이런 것들을 소중히 여길 때 스트레스는 사라진다. -세이노의 가르침 中-'

운명적인 날인 걸까. 오늘 새벽에 읽자마자 이런 구절이 나에게 너무나도 와닿았다. 발레 콩쿠르상은 정말 바라지도 않는다. 타인이 나에게 주는 상을 생각하기보다. 내가 나에게 주는 상을 생각하는 것이 마음이 편했다. 이 구절로 내가 최선을 다했다면 그걸로 만족하면 된다는 자신감을 얻었다. 이렇게 운명적인 글 내용을 마음에 새기고, 발레 학원으로 향했다.

완벽한 첫 콩쿠르 분장

콩쿠르의 내 순서는 2시쯤이었다. 일찍 가도 할 것이 없다고, 선생님께서 오전에는 발레 학원에서 분장도 하고, 연습하다가 가면 시간이 딱 맞는다고 하셨다. 수많은 대회 경력만큼이나 많이 해본 무대 화장. 선생님은 어깨너머로 무대 화장법을 배웠다고 하셨다. 발레 선생님께 직접 받는 머리와 화장. 꼼꼼하게 해 주시는 모습이 너무나도 감동이었다. 머리에는 촉촉한 미장센 젤을 듬뿍 발라 올백 머리를 했다. 머리카락 한 올도 허용되지 않도록, 매끈하게 머리를 말아 올려주셨다. 뒷머리에는 포인트로 커다란 빨간 꽃을 꽂아주셨다. 이제 머리는 완성. 화장할 차례이다.

참고로 콩쿠르의 무대 화장을 하기 전 얼굴 상태는 선크림도 바르지 않은 상태여야 한다고 한다. 왜냐하면, 속눈썹을 눈두덩이에 붙이는데, 미끄러져 내리는 경우가 있기에. 화장하기 전 베이스 상태는 매트한 상태로 만들어두는 것이 제일 좋다고 한다. 전날 팩도 안 된다고 한다. 선생님의 손가락이 향하는 얼굴 부위가 이상했다. 난생처음 화장을 받아보는 터라 눈을 감고 선생님께 모든 걸 맡겼다. 눈을 살짝 뜨니, 아이섀도 팔레트가 휘황찬란하다. 쨍한 빨, 노, 초, 파 등등등

"지혜 님은 연두색과 빨간색을 사용할 거예요~"

정말 예상을 할 수 없는 조합 색깔을 외치며, 거침없이 내 얼굴에 채색하시는 선생님. 내 눈두덩이에 그 색깔이 올라가면 정말로 조화로워 보일지 온갖 궁금증이 폭발되는 사이에, 아이라이너를 들었던 손이 눈 밑 살과 눈두덩이에 거침없이 한 줄씩 쓱 그려졌다. 관자놀이에도 이마에도 쓱 그려지는 게 아닌가?

"선생님, 잘 되고 있는 거 맞죠…?"

"어머 놀라지 마세요~ 너무 이뻐요~"

"네? 너무 궁금하네요~~"

"짜란~"

대박…. 난생처음 무대 화장을 해봤다. 내가 나를 봐도 너무 무서웠다. 하지만, 하늘 끝까지 올라가 있는 속눈썹이 자신감을 한껏 올려줬다. 첫인상은 무서웠지만, 볼수록 매력 있었다. 이마에 그려진 포인트 머리. 눈두덩이 전체 가득 메워 두껍게 그린 아이라이너. 엄청난 크기의 속눈썹. 관자놀이에 붙인 보석. 새빨간 입술. 모든 분장이 새롭게 느껴지면서도 어색했다.

이제 준비 완료. 강렬한 빨간색 무대의상을 입고, 탬버린까지 들고 있으니까 더욱 강렬해 보인다. 포인트 장식으로 키가 더 커 보이게 만들

어 주는 티아라까지 머리에 얹으니, 너무나도 자신감은 하늘을 찌를 듯이 더 상승했다. 처음이자 마지막이 될 수도 있는 발레 콩쿠르 준비였기에, 이 모든 것들이 다 특별했다. 발레 학원의 포토 장소에서 기념사진 남기고 3번 연습 후, 바로 콩쿠르 장소로 향했다.

이제 준비 완료! 최선을 다하고 오자!

나에게 멋진 상을 주는 거야!

9

비전공자 발레 콩쿠르 2

"딸내미가 하는 데 가봐야지."

집안에 전혀 예체능을 하는 사람이 없는데, 다 커서 30대에 발레를 취미로 하는 줄 알았더니만, 대회까지 나간다는 나름 어메이징 한 소식에 엄마와 동생이 궁금해서 콩쿠르 당일날 구경하러 왔다. 일일 매니저 해주는 남자친구 덕에 편하게 콩쿠르 장소에 도착한 나는 엄마와 동생을 콩쿠르 장소에서 만나 반갑게 인사했다. 나를 보러 와 준 셋. 최선을 다해 안무하는 모습을 봐주러 멀리서 달려 와준 것만 해도 너무 감사했다.

발레 콩쿠르 첫 무대 구경

오직 무대에만 강렬한 조명이 비추고 있었다. 눈부신 조명 아래 음악에 맞춰 아름답게 움직이는 발레리나들. 역시 중고등학생들 선수들은 어릴 때부터 해온 실력이라, 동작 하나하나 가벼우면서 아름답게 느껴졌다. 아직 차례가 오지 않아 바로바로 진행되는 고등부 순서를 5분 정도 구경하는 경험을 할 수 있어서 너무 좋았다. 이 순간들을 꼭 기억하고 적어두고 싶었다. 그날 내 눈에 담긴 모든 것. 그날 무대 현장의 습도, 온도, 분위기들을 글 속에 담아두고 싶어서 계속 집중해서 바라보았다.

'저기가 내가 설 무대라니….'

어제 눈을 감으면서 이미지 트레이닝으로 움직였던 상상의 공간과 사뭇 비슷해, 낯설게 느껴지지 않았다. 주변은 어두컴컴하지만, 춤추는 주인공만 반짝거리는 무대 분위기. 너무나도 비슷해서 기분이 좋았다. 두려움보다는 오히려 자신감이 생겼다. 무대를 즐기러 왔고, 최선을 다해 추는 것이 나 자신에게 상을 주는 것이다라는 긍정마인드를 새벽부터 가슴에 한가득 품고 와서 그런 것일까. 입에서 미소가 떠나가질 않는다.

무대에서 관중석으로 시선을 옮겼다. 오히려 더 활짝. 입꼬리가 내려올 새가 없었다. 강렬하게 무대 쪽으로 비친 조명. 숨죽이며 바라보는 심사위원들과 바라보는 몇몇 관중들. 고요하고도 약간의 긴장감이 느껴지는 공기의 분위기가 무거우면서도 신선함으로 다가왔다. 나는 구경하는 사람으로 온 것이 아닌데, 너무나도 모든 것이 신기하고 즐겁게 느껴졌다. 눈가는 내려가고, 입가에 미소가 떠나가질 않았다. 곧 1시간 뒤에 무대에 설 사람이 맞을 정도냐고 물을 정도로 말이다.

예상보다 많이 텅텅 비어있는 관중석들이 눈에 띄었다. 자녀들이 무대에 나오는 차례쯤에 살짝 들어와서 구경하고, 나가는 사람들이 많았다. 전국발레대회이기도 하고, 심사에 방해되지 않기 위해서 최소한의 사람만 들어오도록 통제되고 있어서 그런 것 같았다. 밖에서 계속 연습하다가 무대로 바로 서는 경우가 많았기에, 안에 긴장감보다 밖에서 기다리는 사람들. 연습하는 사람들한테서 느껴지는 매우 급박함과 긴장감이 더 크게 느껴지기도 했다. 그들은 입시를 위해서 얼마나 노력을 많이 했겠는가.

콩쿠르 뒷무대는 신기하고도 긴장감이 넘쳤다. 긴장감과 두근거림이 한가득 공존해 있는 공간이었다. 스태프진의 안내에 따라 다음 순서 차례의 무리는 무대 뒤 현장으로 향했다. 무대를 준비하기 위해 분주하고, 답답한 공간이라는 막연한 상상 하고 있었는데 전혀 그렇지 않았다. 앞 순서가 끝나자마자 바로 달려나가서 춤을 출 수 있도록 대기하는 공간이 나름 컸다.

널찍하게 떨어진 큰 커튼. 눈부시게 환한 공간. 앞에 앉아있는 관중들에게 들릴 수도 있으니 조용해야 할 것 같은 공간이 의외로 작은 소음이 허용되는 공간이었다. 커튼 옆에서 각자 자기 차례가 오기를 기다렸다가, 자신의 콩쿠르 음악이 시작되면, 커튼 사이에서 바로 나와 열심히 준비한 안무들을 멋지게 뽐내는 사람들을 직관할 수 있었다.

심장은 침착하면서도 가슴은 부풀었다. 가슴 속에 몽글몽글하면서도 간질간질한 느낌이 일었다. 입꼬리는 신나서 내려올 줄을 몰랐다. 내가 서 있는 공간의 주변에 같이 대기하고 있는 멋진 어린 친구들을 구경하는 것도 너무나도 재미있었다. 또한, 발레 타이즈복을 입고는 긴장한 얼굴을 하면서도 열심히 옆에서 안무 연습하고 있는 50대 아저씨 모습 너무 인상 깊었다. 이렇게 주위를 둘러보며, 호기심 가득한 눈으로 구경하고는 정신을 차렸다.

'아. 그래 나도 무대순서 안 까먹게 연습해야지.'

부끄러워서 쭈뼛쭈뼛 서 있기보다는 나도 그들처럼 연습에 매진해야 했다. 곧 대기 순서가 3번째가 되었다. 무대 뒤에서 사진을 열심히 남겨주신 발레 선생님께서는 최선을 다하고 오라고, 실수해도 미소는 항상 유지하라는 조언을 계속해서 해주셨다.

그렇게 한 달 이상 연습한 결실을 여기서 맺게 되다니. 최선을 다할 수 있는 무대 앞까지 오다니. 알 수 없는 신기한 감정이 파도처럼 일렁였다.

"162번 변지혜. 에스메랄다."

콩쿠르 첫 무대.

내 차례가 불렸다.

'그래. 지금이야. 가자!'

자신감 가득 담은 곧은 가슴, 길어 보이면서도 부드러운 마무리의 손끝, 발끝. 빳빳하게 든 고개. 그리고 처음부터 끝까지 장착한 미소를 가지고, 무대 가운데로 성큼성큼 발끝을 세우며 걸어갔다. 내 앞에 보이는 빛은 너무나도 눈 부셨다. 강렬한 조명 덕분에, 관중들과 심사위원들이 보이지 않았다. 오히려 무대 공간에 나 혼자 서있는 느낌이었다.

'아니? 이 느낌은 내가 계속해서 눈을 감고 이미지 트레이닝 할 때, 느껴졌던 느낌과 비슷하잖아?'

신기하게도 이미지 트레이닝 할 때의 느낌과 비슷했고, 무대에 나 혼자 있는 것 같은 느낌이 좋았다. 따뜻하고도 눈부신 조명 아래에 신나게 음악에 맞춰 최선을 다해 움직였다. 머릿속은 긴장 상태이면서도 멍한 상태였다. 몸이 기억하는 대로 저절로 조종되어 움직이는 기분. 나만의 음악적 해석 넣어 자신감 있게 한껏 움직여댔다. 유튜브 영상에 에스메랄다 콩쿠르 안무들을 찾아보면, 한쪽 다리를 위로 일자로 뻗어 발차기 하며 탬버린을 치고, 2번 3번 계속 돌며 화려하고 아름다움을 뽐내는 안무들이 많다. 하지만 나는 발레 비전공자이고, 초보에 맞게 나의 안무는 발레의 동작 기본에 의한, 기본을 위한 동작들을 뽐내었다. 화려하지는 않아도 정확하게 동작들을 보여주고 자신감 있게 움직이는 것이 내 콘셉트이었기에. 내가 준비한 것들을 당당하게 뽐내는 데 집중했다.

연습할 때도 약간 고민되었던, 막혔던 순서들을 무사히 해내고, 당당히 끝냈다. 마지막 포즈를 자신감 있게 해내고는 바로 무대 뒤로 퇴장.

'후아. 끝났다.'

무대 반대편에서 기다리던 발레 선생님께서 너무나도 잘했다고 칭찬 샤워를 머리부터 발끝까지 촉촉하게 젖을 듯이 마구마구 부어주셨다. 콩쿠르 끝나고도 입꼬리가 내려오질 않았다. 아침 독서 할 때 생각했던, 나에게 주는 상을 마구마구 받은 기분이었다. 후련하고, 뿌듯한 느낌. 힘들었던 준비과정이 머릿속에서 사라졌다.

끝나자마자 건물 밖으로 나왔다. 여름이 곧 올 것 같은 눈이 부신 햇살이 포근하게 느껴진다. 나뭇잎들이 춤출 수 있도록 도와주는 바람도 나를 기분 좋게 만들어 준다. 눈을 감으며 만족스러움과 기쁨을 끌어 안았다. 멀리서 걸어오고 있는 남자친구와 가족들이 보인다. 그들에게 함박웃음 지으며 달려갔다.

"우리 딸 잘하네~"

엄마의 칭찬이 나를 더욱 웃음 짓게 했다. 최선을 다한 순간을 모두 다 숨죽여 지켜봐 주고, 결과가 어떻게 나오던 그 순간에 대해서 격려해 주는 상황들이 자존감이라는 내 작은 새싹에 영양제를 한가득 부어준 느낌이었다.

이날은 우울증을 '극복할 수도 있겠다'고 생각한 계기가 되었다. 인생에 있어서, 단 하나라도, 내가 해낼 수 있는 것이 없다고 생각했다. 나에게도 재능이 있을까 고민하던 날들이 수없이 많았다. 하지만, 나에 대한 존재와 미래에 대한 두려움으로 혼재된 우울함을 발레 콩쿠르 무대에서 춤으로 승화시킨 느낌이다. 이제 매일 밤 지하세계에 머물러있던 자존감과 부정적인 감정들을 가득 담은 마스크팩을 벗어버리고, 지상으로 나와 긍정적이고도 자신감 넘치는 웃는 마스크팩을 붙이고 기분 좋게 잘 수 있을 것 같다. 최선을 다 퍼붓는 느낌. 무엇이든지 도전할 수 있는 자신감이 생겼다.

빨간 벽이라는 동화책이 있다. 그 동화책에는 빨간 벽 안에서 사는 동물들의 이야기가 나온다. 고립되거나, 안락함을 추구하며, 그저 머물러있는 동물들과는 달리 벽 넘으면 어떤 세계가 보일지 궁금해하는 생쥐가 참 인상적인 동화책이었다. 나는 이 빨간 벽을 넘은 생쥐처럼, 나만의 벽을 넘어, 새로운 세계로 들어선 기분이었다. 그 세계로 넘어가니, 절망, 우울, 화남의 부정적인 감정보다는 희망, 활기찬, 아름다움, 따뜻함이라는 수식어들이 가득한 아름답고 멋진 세계가 펼쳐졌다. 무엇이든 즐기면서 경험하는 것은 절대적으로 좋다. 라는 결론을 내리게 되었다.

기회가 된다면, 주기적으로 80세까지 하고 싶다. 80살. 100살까지 발레도 하고 글도 써야지.

10

학창 시절에는 받지 못했던 상

"지혜 님, 대박! 소식이에요!"

여느 때와 다름없는 햇살 가득하고 한가로운 오후였다. 사무실에서 컴퓨터의 자료들과 씨름하는 중, 발레 선생님께 카톡이 왔다.

"무슨 일이에요??"

"지혜 님, 발레 콩쿠르 은상 받았어요!!! 축하드려요!!!"

"대박~ 감사합니다♡"

나에게도 이런 일이 오다니, 믿을 수가 없었다. 학창 시절에도 그렇게 흔히들 받던 개근상 하나 못 받았었는데 처음으로 상을 받게 되었다. 나도 살면서 상을 받을 수가 있다는 감사함이 솟아올랐다.

"지혜 님, 상 못 받은 지 오래됐죠? 제가 받게 해 드릴게요."

콩쿠르 준비할 때, 진지하게 믿음을 주신 발레 선생님의 이 한마디가 떠올랐다. 연습할 때, 당당하게 외치던 선생님의 말씀. 정말 사실이 될까에 대해 의심 반 희망 반이었다. 그런데 정말 현실화되었는 것이 믿기지 않았다. 이것이 꿈인가? 생시인가? 선생님에게 호감뿐만 아니라 더욱 많은 신뢰와 믿음이 생기게 되었다.

내가 참여한 콩쿠르는 부산 동래구에서 이루어진 전국발레콩쿠르였다. 50대로 보이는 중년의 남성도 보이고, 비전공자 부문에도 쟁쟁한 사람들이 나온 것처럼 보였다. 대략 15명 정도의 비전공자들이 도전장을 내밀었다. 그중에서 내가 은상을 차지하다니, 감개무량했다. 내가 직접 나에게 마음으로 주는 뿌듯한 상으로도 만족스러웠는데, 실제로 상을 받게 되니 너무나도 하늘을 날 듯이 기뻤다. 며칠 동안 회사에서는 모니터를 보는 내내, 피식피식 미소가 가득한 채로 다녔다. 상 발표는 일찍 나왔지만, 실제로 트로피 영접은 늦게해서, 기다리는 내내 가슴이 두근거렸다.

이번 기회로 재능이라는 것에 대한 부정적 생각을 바꾸는 계기가 되었다. 나름 내가 꼼꼼하고 기록을 다루는 것이 그나마 잘하는 일이라 여겨서, 회계 쪽으로 업무를 하고 있었다. 하지만 가끔 실수하는 업무로 상사에게 혼나는 나. 그리고 퇴근 후, 집에 도착 후부터 자기 전까지 계속 슬퍼하며 울었던 과거의 내가 떠올랐다. 도대체 나에게는 재능이 있을지. 노력해도 안 되는 걸 바꿀 순 없는지. 왜 노력해서 100점을 맞을 수는 없는지. 온갖 재능과 관련된 안 좋은 생각 하며 자곤 했었다.

취미로 하던 발레에서 상을 받고 나서는 '나는 몸으로 하는 재능이 더 강한 걸까?'라고 다시금 생각해 볼 수 있는 계기가 되었다. 운동하는 건 좋아하지만, 몸을 쓰는 일 쪽으로 재능이 있을 거라고는 생각하지도 못했기에. 나에 대해서도 신선하게 다가왔다.

　인간은 인생을 살아가면서, 나 자신을 발견해 나가는 기쁨을 누려야 한다고 하던데, 정말 공감이 갔다. 지금 딱 나 자신의 몰랐던 부분을 1% 이지만, 알아가는 기쁨을 누리는 것 같다. 너무나도 감사한 순간이다. 이를 계기로 모든 새로운 도전에 용기를 가질 수 있게 되었고, 나만의 또 다른 재능을 발견할 수 있을 것만 같다. 앞으로의 내 미래가 기대된다. 약 1년 이상 복용 중인 우울증약도 곧 탈출할 수 있을 것만 같은 기분 좋은 느낌이 든다.

11

어서 와, 토슈즈는 처음이지?

"와…. 이건? 도대체……뭐지?"

콩쿠르에서 상을 받고, 한 번 더 도약의 세계로 들어가자고 마음먹고, 토슈즈 수업을 들어갔다. 토슈즈 첫수업에서 토슈즈를 신자마자 발끝의 찌릿함이 이루 말할 수 없었다. 그러나 토슈즈를 신자마다 이렇게 아픈데 도대체 발레리나들은 어떻게 토슈즈가 주는 발끝부터 머리끝까지 오는 고통을 이겨내고, 꼿꼿하게 자세를 유지하면서, 한 개도 안 아프다는 미소를 장착할 수 있었을까. 처음으로 토슈즈를 신고 한 발짝 내딛는 동시에, 고통을 몇 시간 동안 감내하며, 우아한 춤을 추는 발레리나들의 존경심이 저절로 생겨났다.

몇 달 전, 정말로 내 인생에 있어서 발레 콩쿠르를 나가 첫 출전에 비전공자로서 은상을 받은 것은 행운이었다. 토슈즈가 아닌 면으로 둘러

싼 발레 슈즈를 신고 춤을 췄을 뿐인데 상을 받다니, 마음은 구름이 되어 푸른 하늘 이리저리 헤엄치고 있었다. 특히 춤출 때의 즐거움이 배가 되었다. 집중력 또한 강해졌다. 동작들을 하나씩 외워나가면서 하나씩 춤을 내 몸짓으로 체화하는 느낌. 아무 고민 없이 그 안무에만 집중하고, 그 순간을 즐기는 것이 너무 좋았기에. 그래서 발레 슈즈의 단계를 벗어나 일생의 한 번뿐인 기회일지도 모르는 토슈즈 배움을 이어나가려고 도전했다. 그러나 토슈즈의 첫 만남은 번개처럼 짜릿하고도, 강렬한 인상을 나에게 주었다.

첫 슈즈 주문도 잘 못 해, 약간 치수도 작다. 게다가 원래 딱딱한 고통을 이겨내고, 버티면서 움직이는 것이라는 사실이 충격적으로 다가왔다. 원래 신으면 아프니까, 감내하면서 나아가는게 맞는데…. 너무 작아도 나중에 늘어난다고 하니, 그때까지 과연 내가 이걸 신을 수 있을까? 라는 의구심이 마음속에 80~90% 차지할 수밖에 없었다. 그래도 선생님은 원래 그런 것이라고, 길들이는 과정이 있어야 한다고 토닥여주셨다. 비록 일주일에 1~2회 레슨이지만, 최선을 다해서 고통을 이겨내는 도전하는 시간이 힘겹게 느껴지면서도, 감사함이 가득해졌다.

"자. 이제는 토(toe). 발끝으로 서서, 왼발 앞으로 오른발 뒤로 앞뒤를 번갈아 가면서 콩콩 뛰세요."

처음에는 발끝으로 서는 것조차 힘겨웠다. 약 한 달쯤 지났을까. 고작 5번의 레슨이었지만, 시간이 지날수록 신기하게도 발레바(bar)를 잡지 않고, 텅 빈 곳의 가운데 서서 움직이는 연습을 하고 있었다. 두 발로 걸어 다니기까지 했다. 이번에는 앞뒤로 발을 번갈아 콩콩 뛰는 안무까지 진도를 나가다니…. 발레 선생님께서 만든 창작 발레의 짧은 한 곡을 출 수 있는 수준까지 올라가게 되리라곤 전혀 생각지도 못했다.

고통을 인내하면서, 말로 형용할 수 없는 나 자신이 성장해가는 모습의 뿌듯함과 자신감이 발레복이 땀으로 흠뻑 젖어 흘러넘치는 만큼 나오고 있었다. 이때 잠깐 힘든 것일 뿐, 평생 가는 아픔이 아니라는 것 그리고 발끝의 고통은 있지만, 기쁜 고통이라고 느낄 수 있다는 걸 알았다. 누구도 알려주지 않았지만, 이 사실을 혼자 깨닫고 뿌듯함도 밀려왔다.

무엇이든 단 한 번에 이룰 수 있는 건 흔치 않다. 그렇지만 노력하면 언제가 목표의 발끝만치 따라는 하게 되어있는 모습을 가질 수 있다는 긍정적인 믿음을 가지기로 했다. 아이가 태어나자마자 엄마의 사랑 속에서 자랐을 때, 세상에 대해 느끼는 긍정적이고, 편안한 믿음처럼 말이다. 이러한 작은 믿음과 희망이 그렇게 불안정했던 힘든 시간을 언제 보냈냐는 듯. 봄에 피어나는 파릇파릇한 새싹처럼 조금씩 자라났다.

12

30대 첫 바디 프로필

　발레에 매진하던 그 달. 바디 프로필이란 걸 내 생에 처음으로 찍을 기회를 얻게 되었다. 운동모임에 만난 사람들도 바디 프로필을 언제 어디서 그나마 싸게 찍어보겠냐며, 혼자서 하기엔 부담스럽지만, 같이하면 부담이 줄어든 돈으로 해낼 수 있다고 하셨다. 그래서 나도 팔랑귀로 같이 도전하게 되었다.

　같이하시는 분들의 나이 때는 나처럼 젊은 사람들이 아니었다. 아이들을 열심히 키우고, 다시 자신에게 집중하기 시작하신 40-50대분들이었다. 이 분들의 진짜 바디프로필에 대한 진심은 아이를 낳고, 운동과 관리를 통해 어제보다 더 탄력이 생기고, 건강해진 자기 모습을 기록이었다. 이러한 소망을 가지신 분들을 보며, 단지 이쁜 몸매를 만들어서 찍는 행위로만 생각한 나를 반성하고, 나도 이분들처럼 건강하게 나이 들어가고 싶다는 마음으로 움직여졌다.

나도 큰 걸 바라지는 않았다. 그저 모래사막의 언덕처럼 동그랗게 능선이 생겨버린 두툼한 배와 탄력을 잃어가는 덜렁덜렁 팔뚝 살, 그리고 힘을 잃어버린 허벅지 근육들을 다시 되살리고 싶은 욕망이 생겼다. 극적이지는 않지만, 과거의 나보다 괜찮아진 나. 이 젊은 나이에 느낄 수 있는 건강한 에너지를 사진이라는 글자 아래 새기고 싶었을 뿐이었다.

그러나 몸의 변화, 건강도 중요하지만 제일 내가 집중해야 했던 부분은 내면의 감정을 건강하게 만드는 것이었다. 내면이 건강하면, 운동하려는 의지, 자신감, 자존감들이 향상되고, 운동을 꾸준히 하는 것이 자동으로 행동하게 될 것이기 때문이다.

"감정은 다 몸과 관련 있습니다. 햇볕 내리쬐는 곳 아래에서 몸 온도가 올라가는 것을 느끼기 때문에, 덥다고 느끼는 것이고, 그로 인해 짜증이라는 감정이 올라올 수 있는 것입니다. 열이 오른 체온을 낮춰준다면, 시원하다는 느낌을 받고, 짜증 났던 기분도 사라지는 것이 그런 이유입니다. 그런 것처럼…."

평소에도 애청하는 유튜브 김주환 교수님(내면소통의 저자). 교수님께서는 몸을 움직이며, 심장박동수를 조절하는 존 2운동을 하면, 감정도 편안해지고, 마음도 건강해질 수 있다고 과학적인 사례들을 강의해 주신다. 그래서 교수님말을 믿고 더욱 움직였다. 갑작스럽게 우울감이 몰려와도, 신발을 신고 문밖으로 나가 러닝머신으로 달려갔다. 정신적으로 힘듦의 파도가 거세게 몰려와도, 바디 프로필을 찍겠다고 선언했기에, 더욱 움직여 봤다. 퇴근 후에는 운동복으로 갈아입고, 홈트 운동을 하거나 일주일에 한 번 발레를 꾸준히 해서 나아갔다. 그러나 크게 심적으로는 크게 나아지지 않았다.

도대체 뭐가 문제일까….

'그래. 스트레스.'

심적으로 나아지지 않은 나에 대해 되돌아보니, 스트레스가 원인임을 알아챘다. 그 당시 열심히 운동하고 있었지만, 9시간 동안 스트레스, 압박감, 조용한 전쟁터에서 내 자존감을 갉아먹는 곳에 있다가, 돌아오니, 에너지는 당연히 많이 회복되지 않았다.

'회사' 그리고 '숫자' 이 두 단어가 나를 계속 옥죄고 있었다. 숫자 1도 틀리면 안 된다는 조용한 전쟁터에서 느끼는 긴장감으로 지내다가 저녁에 운동하는 일상. 그리고 아침에는 몸무게를 재어보는 그런 일상에서 나는 모든 일이 바뀌기를 바라고 있었다. 신체적으로 움직였기에, 운동해도, 몸은 변화가 있을지언정, 마음은 건강하지 못했다.

분명 '어제보다 나은 나'라는 목표로 시작했다. 그러나 멋진 슬로건의 단어를 외칠 때의 야심 찬 의지는 도대체 어디로 갔을까. 공중으로 붕 떠서 사라져 버린 듯했다. 오직 그저 운동량과 식사조절, 뭘 입으며 찍을지 쇼핑에만 몰두하고 있었다. 정작 내 마음, 내 몸에서 외치는 소리에 전혀 귀를 기울이지 않고 있었다. 아주 더딘 변화 과정일지라도 직접 내 의지대로 움직이고, 그것에 대한 뿌듯함과 행복 그리고 편안한 감정에 더욱 집중했었어야 했는데…. 그러지 못했다. 나도 모르게 남들과 비교하기 바빴고, 조급했고, 긴장했다.

바디프로필을 찍는 당일이 결국 찾아왔다. 시간은 야속하게 빠르게 흘렀다. 내가 무엇을 하든, 시간은 막을 수 없는 강물처럼 느리면서도 꾸준히 흐르고 있었다. 마음 건강 상태는 1%씩 좋아지는 중이라, 운동으로 완전 의지박약, 스트레스 완전 정복! 은 아니였다. 하지만 아침 식사로는 그릭 요구르트, 블루베리, 그래 놀라, 점심 일반식, 저녁은 탄수화물 없는 단백질, 채소 위주 식사를. 운동은 아침 6시 30분~7시 30분까지 러닝 및 근력운동, 점심 10분 러닝 또는 근력, 저녁에는 운동모임 참가 또는 발레를 하려고 노력한 과정의 결실을 볼 차례였다.

노력의 결과는 그다지 크지는 않았다. 전체적인 두툼한 뱃살이 아직도 눈에 띄었다. 그래도 예전의 부은 모습에서 조금 탈출한 것에 만족하자며 찍었다. 과감하게 배를 내놓고 찍었다. 이것 또한 나의 비포가 될 것이니까. 또한, 어제보다 나아진 자신의 만족스러운 모습으로 사진찍기에 임하는 그녀들을 보면서도 희망을 품었다. 카메라 앞에 서서 그녀들의 입꼬리가 한껏 올라간 아름다운 미소와 눈웃음. 그리고 누구와도 비교할 수 없는 자신감 있는 포즈는 아름답고도, 완벽했다. 이런 마음가짐으로 꾸준하게 살아가다 보면, 나도 언젠간 더 좋아질 거라는 희망이 샘솟았다. 육체적으로도 정신적으로도, 나도 용기를 내어 밝은 미소, 자신감 넘쳐 보이는 포즈를 취해본다. 그리곤 나를 속으로 계속 다독였다.

한 줌의 뱃살. 괜찮다.
어제보다 나아졌을 거니까.

한 줌의 우울. 괜찮다.
어제보다 더 밝아졌을 거니까.

내면의 단단함과 건강함은 한순간에 이뤄질 수 없는 걸 깨닫게 되었다. 그러나 꾸준히 운동도 계속하고, 퇴사하고 내가 잘할 수 있는 일, 좋아하는 일, 몰두할 수 있는 일에 몰두하게 되면 몸의 아름다운 변화는 자연스럽게 따라오게 되고, 깊은 내면의 우울 구름도 나 자신도 모르게 점점 걷어지고, 햇빛이 가득해지리라 믿어본다.

06

온전히 받아들이기

"우울이라는 감정이 찾아올 때,
'아, 한차례 우울의 파도가 밀려왔구나.'라고 인정하고 나아가기로 했다."

1

삶 자체가 기적이다

장마가 끝나고 무더위가 시작된 하계휴가 무렵, 사랑하는 그와 어떻게 하면 즐겁게 보낼 수 있을지 고민하다가 우리는 부산 을숙도에 있는 현대미술관을 오랜만에 방문하였다. 이 더운 여름 날씨에, 시원한 에어컨 아래에서 새로운 전시작품들을 보고, 듣고, 느끼는 것은 탁월한 선택이었다.

현대미술관에서는 지상 2층과 지하 1층. 2가지 전시가 진행 중이었다. 난해한 현대미술을 작가의 의도에 따라 이해해 보려고 노력했지만, 어려운 것들이 많았다. 그래도 새로운 시각들을 넓혀 나갈 좋은 기회가 주어짐에 감사하며 이곳저곳을 돌아다녔다. 그러다가 지하 1층에서 단순하게 전시되었지만, 그 내용은 절대 단순하지 않고, 가볍지 않은 내용이었던 작품이 아직도 기억에 남았다.

이 작가는 유학을 마치고 한국에 돌아왔는데, 청소 미화원으로 일을 하시던 어머니가 파킨슨병에 걸리게 되셨다는 사실을 알게 되었다. 2020년 5월부터 2022년 5월까지 어머니와 함께 있으면서 어머니가 쓰시는 기록들. 그림 그리신 기록들. 어머니가 남겨주신 자신의 어린 시절들의 사진 기록들이 거기에 전시되어 있었다. 이 작품을 보면서 나는 혼자 펑펑 눈물을 흘렸다.

눈물샘을 폭포수로 가득 나오게 한 첫 번째 작품은 점점 병의 증세가 심해짐에 따라 달라지는 어머니의 글씨체 기록이었다. 파킨슨병에 걸렸다는 사실을 알게 된 처음 그녀의 글씨체는 그래도 모든 사람이 알아볼 수 있는 글씨였다. 하지만, 병세가 점점 심해질수록, 글씨가 삐뚤 해지더니…. 제일 심한 단계에 이르러서는 아예 알아보지도 못하게 글을 쓰신 기록들이 전시되어 있었다. 이 글씨의 기록만으로도, 그녀가 어떻게 살아왔을지 추측이 되면서, 그 병세를 지켜보던 아들 작가의 심정을 조금은 알 것 같았다.

누군가는 이런 글씨를 쓴 걸 왜 전시해 놓았지? 라고 반박할 수 있지만, 그 작가의 의도와 그 작가 삶의 배경을 알고 나면, 다르게 보이는 것을 깨달았다. 사진을 찍어두었으면 좋았을 텐데 너무 심취해 있어서…. 사진을 찍어두지 못한 것이 너무나 아쉽다. 또한, 파킨슨병에 걸리신 어머니가 그림을 그린 작품들도 참으로 마음을 묵묵하게 만들었다.

두 번째로 나의 눈물샘을 자극하게 만든 건. 작가가 그때 그 시절. 엄마와의 추억들을 찍어둔 영상이었다. 무심코 앉아서 보게 된 작가가 만들어 둔 약 16분의 영상. 어머니가 병에 걸렸지만, 그림도 그려보고, 잠이 안 와 새벽에 일어나 아들 작가가 예전에 찍은 영상들을 감상하시는 어머니의 모습이 담겨있었다. 또한, 서예로 기록해 둔 이태백의 멋진 시 한 구절을 적어둔 기록에 대한 설명하는 장면, 어머니는 작가가 초등학교 때 쓴 일기를 가지고 있어서 읽어보는 장면…. 등등

시간이 지나, 어머니는 결국 돌아가셨고, 그 천사(어머니)로 인해 장례식장에서 많은 분과 이야기를 나눌 기회를 제공해 주신 것에 감사하다는 아들의 메시지 자막장면으로 마무리되었다.

세상에 아픈 사람들은 많다. 각각 그들만의 삶에 관한 고유한 이야기는 모두 다 소중하고, 존귀하다. 그중에서 이 어머니는 이 작가의 시각을 계기로, 많은 사람에게 알릴 좋은 기회를 가지신 것 같다는 다른 측면의 생각도 해본다. 어떻게 이 작가는 예전 과거의 기록들로 이렇게 멋진 하나의 작품을 만들어서 전시할 생각을 할 수 있었을까. 그가 전하고자 하는 타인에게는 주는 영감. 메시지는 무엇이었을까? 지금 자신이 하는 것들, 가지고 있는 것들 그 순간 하나하나 다 소중한 의미가 담겨있는 것들을 모아두면, 고유한 멋진 작품이 될 수 있다는 희망의 메시지를 전달하는 걸까?

'우리의 모든 삶의 순간들이 다 작품이 될 수 있다.'라는 나만의 감상평을 정리했다. 지금 1초가 지나가고 과거가 되는 모든 순간의 기록들은 다 고유한 작품이 될 수 있었다. 이런 부분을 잊고 살아간 내가 참 한심하게 느껴지기까지 했다. 이때까지 죽으려고 했던 시도들, 상상들, 우울한 감정들 속에서 살아간 과거의 날들이 영화의 파노라마 한 장면처럼 지나갔다.

내 옛 과거는 부끄럽지 않지만, 생각하고 싶지도 않았다. 기록들도

없고, 기억나지도 않았다. 하지만 지금이라도 좋은 기억의 자료들을 찾아서 회상할 수 있는 나만의 작품 하나를 만들어두는 것도 좋겠다. 생각을 계속 곱씹을수록, 좋은 영감들이 떠오르는 듯하다. 이 작가의 진솔한 마음이 담긴 작품들이 내 마음을 흔들어댔다.

좋은 작품이란 그렇게 유명하지는 않을지라도, 많은 대중에게 다가가지 못할지라도, 1명이라도 마음이 잘 전달될 수 있는 작품이라면 좋은 작품(그림, 글, 영상 등 어떤 매개체든)이라고 말할 수 있지 않을까.

나도 글을 잘 쓰지 못한다. 아직 많이 부족한 실력이지만, 우울증을 극복하기 위한 노력하는 과정과 그 속에서 고군분투하는 내 마음을 진솔하게 글로 표현하려고 노력해 왔다. 그러다 보면, 1명이라도, 내 마음과 공감하는 독자가 있지 않을까. 그러면 그나마 괜찮은 글이라고 칭할 수 있지 않을까.

우리의 모든 순간. 인생 삶 자체가 기적이다.
이 기적인 순간들을 소중히 간직하고, 계속 기록 해야지.
우리가 경험하는 모든 순간은 아름답고, 찬란하다.

2

결핍은 곧 욕망

"야옹…."

어스름한 새벽빛이 커튼 사이로 비친다. 흰색의 복실한 털을 뽐내는 고양이가 새벽에 화장실을 나와 베란다로 구경 가고 싶어하는 눈치다. 두 눈꺼풀을 힘겹게 눈썹이 닿도록 위로 올려 천장을 바라본다. 그러고는 팔만 뻗으면 닿는 거리에 있는 베란다 문을 열어주고는 작은 소동을 잠재운다.

어제 늦게 잤음에도 불구하고, 출근 1시간 20분 전. 사랑스러운 동거묘 덕분에 그나마 일찍인 하루를 시작했다. 물컵을 한 잔 들고 앉은 책상 앞. 어제 미리 써둔 다이어리를 보고는 새벽에 미리 달걀을 삶아 놔야 하는 걸 알아챘다.

'음. 오케이. 일단 빨리 달걀을 올려두고 하루를 시작하자.'

달걀 찜기에 달걀을 두고는 다시 냉큼 자리에 앉았다. 내 두 눈은 오른쪽에 책, 왼쪽에는 영어책과 심리 전공 책, 앞쪽에는 모니터. 고개를 들어 올리니 보드에 옮겨 적은 긍정적인 말로 시선이 옮겨간다.

'책상에는 책이 왜 이렇게 많지? 난 아직도 학교에 다니는 게 아닌데 말이야….'

학창 시절의 책상에도 무수히 많은 교과서, 학원 교재들이 꽂혀있었다. 그때도 많은 책이 주는 지식 홍수 속에 열심히 허우적거렸다. 하지만 그 허우적거림은 몸으로 체득되지 못하고, 허우적거림의 동작으로 끝났다. 스쳐 지나간 느낌.

어린 시절, 학생의 자질은 다량의 독서라는 걸 귀에 못이 박이도록 들어 알고 있었지만, 흔한 청소년 추천 도서들도 거들떠보지도 않고, 친구들이 재미있게 빌려 읽는 흔한 만화책도 집은 적이 없었다. 결국, 문해력이 많이 약한 성인으로 사회에 던져졌다. 그래서일까. 남들처럼 지식을 잘 습득하는 결핍. 독서를 잘하고 싶은 결핍. 이런 학창 시절 행동의 결과로 생긴 이 결핍들이 무의식적으로 내면에 존재해 있었는지도 모르겠다. 그래서 책상의 한가득 쌓여있는 책들은 지금 채우고 싶은 무의식적 결핍 행동의 일부분이라는 결과가 도출된 게 아닐까.

'그래, 지금이라도 없는 것을 보완하면 되지.'

결핍은 곧 욕망일 것이다. 이렇게 학창 시절 채우지 못한 부분을 지금이라도 다시 채워보려고 시도했다. 오늘 새벽 시간을 통해, 나만의 오목하고 길쭉한 결핍의 그릇에 독서와 글쓰기라는 욕망의 물을 조금씩 채워나갔다.

오른쪽 벽면으로 나란히 세워져 있는 책 중 하나를 골라서 내 앞으로 가져왔다. 인생 잘 살고 싶은 사람이 되고 싶어, 들어간 독서 모임의 4월 필수 고전독서 '데일 카네기의 인간관계론'을 조금씩 읽어나가고 있다. (글로 성장연구소 독서 모임들 중 '인. 잘. 살. 사'(인생 잘 살고 싶은 사람이 읽는) 필수 고전독서 모임의 선정 책이었다) 이러한 고전을 곱씹어 가면서 읽을 때마다, 나에게 어떻게 적용하면 좋을지, 이걸로 글을 어떻게 쓰면 좋을지 생각하는 재미와 감사로 읽어나갔다.

글로성장연구소에서 하는 '별별챌린지 66일챌린지'라는 글쓰기 챌린지에 참여하고 있다. 매일 주어지는 글쓰기 영감 제시어를 확인하곤 꽂히는 단어로 이리저리 생각의 흐름의 지도를 펼쳐쳤다. 오늘의 제시어는 마침 '감사'였다. 내가 지금 여기 이 책상 앞에 앉을 수 있는 환경이 주어진 것, 그나마 인적노동으로 돈을 작게나마 벌고 있다는 등등 내가 가진 모든 것에 감사함이 떠오르기 시작했다. 요즘 대화와 묘사를 적절하게 섞인 생각을 버무리는 글쓰기로도 도전하고 있다. 제시어로 떠오르는 상황들과 생각들을 버무리는 맛이 특이해지는 걸까. 쓰는 건 어렵지만, 매일 같이 새롭게 느껴진다. 이로써 나 자신을 되돌아보고, 깊이 생각하게 되는 글쓰기. 멋진 활동들을 통해 마음 건강도 다스리는 글쓰기. 참으로 좋은 활동을 나이가 호호 할머니가 되어서도 꾸준히 해야겠다는 다짐도 다이어리에 한 문장 썼다.

매일 글쓰기는 쉽지 않다. 하지만, 새벽마다 독서와 글쓰기로 마음 건강을 챙기는 일이 즐거우면서 뿌듯함의 도장을 하나씩 찍어나가는 느낌이 기분 좋아진다. 이런 작은 발걸음이 우울감을 없애는 데에도 한몫해 주길 바란다. 이렇게 즐거운 결핍에 의한 욕망을 조금씩 채우며 살아가야지. 앞으로도 계속 채워나가면, 결핍이 풍족함으로 바뀔것이리라.

3

4계절 내내 오싹한 이야기

　내가 두려워해야 할 것은 무엇일까? 요즘 묻지 마 범죄로 칼부림 나는 사회 이슈? 늘어가는 빚? 점점 더워지는 더위? 갑작스럽게 찾아온 질병? 공포 영화에 나오는 귀신?? 상한가 갈 거로 생각했던 주식이 하한가 맞은 것? 가지고 있는 부동산의 가격이 계속 하락하는 것?
　모든 것이 다 두려움의 대상이다. 내가 생각한 모든 것들이 동시다발적으로 일어난다면, 무섭다 못해 동공이 흔들릴 정도로 두려워지고, 머리가 지끈거려서 그냥 누워서 눈 감고 있고 싶을 것이다. 하지만 이것들보다도 더욱 두려워하고, 4계절 내내 무섭게 생각해야 할 것은 나 자신이었다. '나는 나 자신을 잘 모른다' 사실, 그저 인생이라는 망망대해에서 표류하는 삶이 제일 무서운 것이었다.
　오늘은 하와이 대저택 유튜브 채널을 오랜만에 들었다. 거기에서 제일 기억 남는 것은 '사람들은 생각을 잘하지 않고 살아간다. 자신에 대해서 더욱 깊이 생각하자. 그리고 나만의 충분한 에너지를 만들어 나가자' 라는 메시지였다.

성공하려면 자신의 에너지를 높여라. 그러면 자연스럽게 사람들이 자신에게 붙을 것이다.

-스튜어트 와일드 -

망망대해에서 표류하던 나에게 이런 명언들은 나침반처럼 명확하게 방향 표시해 주지는 않았다. 하지만, 살랑이는 바람으로 돛단배의 깃발을 조금 움직여 준 것 같았다. 이것저것. 독서, 운동, 취직, 이직, 자격증 취득, 취미 생활, 경제 공부, 여행, 부자가 되기 위한 100번 쓰기, 100번 외치기, 시각화하기, 감사하기 등등 보이는 대로 남들이 하니까, 나도 좋아질 수 있을 거라 믿고, 따라 하기 바빴다.

그러나 단순히 먼저 그 길을 간 사람들의 행동을 기술적으로 따라가고, 완벽하게 복제해서는 만족감을 얻을 수는 없었다. 겉만 번지르르하게 따라 한다고 해서, 심리 자체도 그 사람처럼 완벽하게 될 수는 없었다. 고요한 망망대해 바다 위에서 누워있는 나. 곧 비가 내릴 듯한 어두컴컴한 하늘을 바라보며 내가 진정으로 원하는 것이 무엇인지. 나 자신과 대화를 진정으로 해 보는 것이 중요했다.

'나는 지금 어떤 상태인가?'

'내 위치는 지금 어디지?'

'나는 지금 에너지가 있나?'

이렇게 먼저 물어봤다. 체력적으로 피곤한지. 안 피곤한지에 대한 에너지가 아니었다. 내가 정말로 원하는 걸 하고자 할 때, 그 에너지가 얼마나 있는지. 그걸 해낼 자신의 에너지를 먼저 파악해야 했다. 또한, 동기부여를 위해서 지금의 나를 관찰하고, 그걸 통해서 현재 상태를 파악하는 것이 중요했다.

잠시 키보드에 손을 떼고 나무 사이로 들어오는 햇살을 받으며, 눈을 감고 나한테 물어봤다. 지금 어떤 상태일까. 내가 원하는 건 진정으로 뭘까. 며칠 전에 수술도 했지만, 일단 돈이 얼마나 들었든지 간에, 건강이 제일 중요하다는 사실이 떠올랐다. 이번 연도부터 계속 생각한 단어였던, '마음 건강, 몸 건강.' 계속 이 단어들은 나에게 1순위 중요 단어가 되어왔다. 그래야 무너져도 뭐든 다시 일으킬 수 있다는 회복 탄력성을 가질 수 있을 테니까. 그다음 '시간' 그리고 '감사'. 총 이 3가지가 중요하다는 걸 깨달았다.

'나는 지금 도대체 어디에 있는 걸까?'

바닥에 와서 이제 올라갈 일만 남았다 생각했는데, 조금은 반등하는 듯하더니, 더 지하 바닥으로 고꾸라져 있다. 코가 눌려져서 아프다. 그래도 마음과 몸이 더욱 건강하다면 어느 위치에 있든지, 상관없었다. 다시 일어서면 되니까.

'그럼 나는 다시 일어설 에너지가 있나?'

어제도 수술하고 나서 요가 할 에너지는 있을 거라며, 아무 생각 없이 요가를 가려고 하던 나였다. 에너지가 있는지 아닌지 아무 생각 없이, 머리는 가야겠다고 하지만, 내 몸의 대답은 'NO'였다. '언제든지 마음만 먹으면 에너지가 생긴다'라고 생각할 때가 있었다. 그렇게 아무 생각 없이 행동하다가 방전이 자주 되곤 했다는 걸 최근에서야 깨닫고 있다. 이제는 에너지를 조절해서 써야겠다는 반성하게 되었다. '나중에 얼마든지 갈 수 있어. 조급해하지 않기로. 건강한 미래의 나를 위해서라도 지금은 에너지를 저장해야 할 때야.'라고…. 다시 마음을 고쳐먹었다. 에너지를 비축하기로 마음먹고 꾹 참고, 독서와 글쓰기에 매진하기로 다짐해 봤다.

그렇지만 내 인생의 망망대해 위에서 표류하는 기분은 알게 모르게 기본 디폴트값으로 깔린 우울감이 영향을 주는 걸까. 새로운 다짐으로 어디로 갈지 목표를 정하지만, 이내 곧, 어디로 갈지, 어떻게 가야 할지 도저히 모르겠다.라며 갑작스럽게 나침반을 잃어버린 느낌이다. 이 사실이 나를 더욱 우울하게 하고, 공포에 질려버리게 했다.

하지만 누군가 그랬다. 주식이 하한가 가더라도, -100% 손해가 눈에 보이더라도, 아직 매도하지 않았으면 확정이 아니다. 확정되지 않은 것들에 너무 얽매이지 말라고 말이다. 이 말에 깊이 공감이 갔다. 아직 확정되지 않은 두려움에 얽매이지 않기로 했다. 그저 미래에 대한 나만의 상상으로 만들어낸 두려움이다. 무엇보다 중요한 건 '나' 자신. 나 자신이 큰 재산이고, 보물이라는 걸 인식하는 게 중요했다. 망망대해의 나침반을 입력하는 중요한 소프트웨어가 제일 중요하니까. 무섭고 거대한 우울의 큰 파도가 나를 덮치더라도. 내가 원하는 섬, 세계로 가려면, 현재 상태, 현재 위치, 현재 에너지 안부를 물어가며 대화를 나눠보려한다. 그러면 수많은 대화 속에서 어떻게 나아가야 할지. 조금씩 목표 설정과 그 목표를 위한 계획들이 희미하게나마 보일 것이다.

바다의 뿌연 안갯속에서 저 멀리 등대의 빛이 조금씩 보여서 희망이

생기는 것처럼,

　　인생의 실마리 희망이 조금씩 보이는 것처럼.

　　막연함으로 인해 느껴졌던 공포들은 없어져 가겠지.

4

하루 시작 전, 매일 적는 그것

'나는 할 수 있다. 나는 해냈다. 긍정, 끈기, 인내, 부단함, 집중'
 한때 하루의 기록을 시작하기 전 날짜 왼편에 항상 적는 단어와 문장이다. 그렇다. 나는 하루의 매일매일 적어나가며…. 우울에서 벗어나고 싶었다. 내가 왜 살아야 하는지. 내가 무엇을 하고 살아가야 할지 정말 막막해하면서 있다가, 내가 하는 일들이라도 적어보자며, 멈춘 다이어리를 다시 시작하고 있다. 반복적으로 이 주제로 글을 적는 듯 아닌 듯하면서도, 그때마다 적는 내용은 다른 것 같아서 오늘도 다이어리에 대해서 한 글자 글을 써본다.
 이렇게 쓰게 된 계기는 카톡 단체방에서 우연히 발견한 사진 한 장 때문이다. PDS 다이어리를 사용하면서 단체 카톡방에 인증하는 다른 사람의 다이어리 사진들을 이따금 보곤 한다. 여러 사진을 보면서 어떤 사람은 이런 내용을 꾸준히 적는 모습이 정말 인상적이네, 아하, 나를 되돌아보는 틀을 이런 식으로도 쓸 수 있구나 하는 등 많은 것들을 조금씩 배우기도 했다. 그 배운 그것 중에서 한 가지가 바로 '나는 할 수 있다. 나는 해냈다. 긍정, 끈기, 인내, 부단함, 집중' 메시지였다.

나는 나에게 용기를 주고 싶었다. 또한, 끝까지 해내는 끈기와 최대한 내가 적은 목표들을 집중하는 모습으로 해내고 싶었다. 그래서 나에게 힘을 주는 단어와 메시지였기에, 따라서 적기 시작한 지 15일 차 정도 되었다. 아직 큰 좋은 성과를 이뤄내는 건 느끼지 못했지만, 나름 긍정, 끈기, 인내, 부단함, 집중이라는 글자를 쓴 날은 그렇게 하루로 시작해서 그렇게 하루로 마무리할 수 있도록 예언하거나 이끌어가는 느낌을 받았다. 그래서 사람들이 무의식. 잠재의식에 새겨 넣기 위해서 쓴다고, 자기가 원하는 것 100번씩 아침마다 쓰기를 하는 이유가 이런 것일지도 모르겠다. 100번씩 따라 써볼 때는 참 아무 생각 없이 썼었는데, 생각해 보면, 한번을 쓰더라도 나의 마음속 깊이 새기면서 쓰는 것이 중요하다는 걸 요즘 다이어리를 쓰면서 새삼 깨닫게 된다.

아직 뭘 할지 모르겠다. 하지만 작게라도 꾸준히 이어나가기로 했다. 그것이 육체적 건강을 위한 운동이든, 정신적 건강을 위한 독서든, 글쓰기든, 미래를 위한 준비로 자소서든, 영어든 말이다. 꾸준히 한 노력의 결과는 오늘 책 한 권을 다 읽었다. 3권 완독 돌파해서, 지금 4, 5권째 읽고 있다. 곧 드문드문 읽어가던 책 2권도 마무리하면, 이번 달에 5권을 읽게 되는 최초의 뿌듯함을 느낄 것 같다. 책이 주는 메시지를 기록해 나가기로 했다. 내가 느낀 점들을 기록하기로. 그리고 그 책의 주는 메시지를 한 개라도 몸에 새겨서 좋은 방향으로 나아갈 수 있게 하기로 했다. 그러면 난 그것만으로도 알찬 독서를 해 나아가고 있는 것이리라.

  매일 다이어리를 시작하기 전에 적는 작은 기록의 시작으로, 다양한 여러 가지 활동들도 작게 시작하게 되었다. 작게라도 꾸준히 하다 보면 그것이 좋은 습관을 쌓아나가는 것과 동시에 몽글몽글한 기분 좋은 감정들도 마음속에 쌓일 것이다. 오늘도 나에 대해서 뿌듯함을 느끼고, 내가 하는 그것에 대해 심오한 관찰을 하는 글쓰기를 할 수 있음에 너무 감사하다.

  종이의 끝자락. 감사라는 단어를 쓰고, 다이어리를 기분 좋게 덮는다.

5

나는 대견한 사람

　오늘도 어김없이 책상 앞에 앉았다. 문득 4~5월 도전한 과거들을 되돌아보았다. 영어 문장 공부, 독서, 오픽 공부 등등 다른 도전들은 작심삼일로 끝난 것들이 많았다. 하지만 글쓰기만큼은 두 번째 66일 글쓰기를 해내고 있었다. 거의 매일 피곤한 날에도 샤워하고, 꾸역꾸역 노트북 앞에 앉아서 글을 쓰던 날들을 지나, 지금의 나를 만들었다.
　지금도 믿기지 않는다. 내가 66일 동안 글을 꾸준히 썼다니. 포기하지 않고 계속 나아갔다니. 나는 정말 대견한 사람이야!! 라고 내 머리를 직접 쓰다듬었다. 그래도 이거라도 꾸준히 해낸 나에게 칭찬샤워를 마구마구 퍼부어주었다.
　글을 쓰면서 자연스럽게 글쓰기는 나만의 정신적인 해소 창고가 되었다. 오늘은 뭘 쓸지 고민하다가도, 독서 한 걸 써봐야지. 누군가에게 들은 말을 가지고 써봐야지. 유튜브 영상을 본 것에 영감을 받아서 써봐야지. 등등 일상들이 소소하면서도 소중한 글감을 자연스럽게 찾아내고 있었다. 그러면서 내 생각을 풀어내는 과정을 쭉 진행하다 보니, 글쓰기는 자연스럽게 정신적인 해소 창고가 되어가고 있었다.

이제 나름 습관이 되어가는 듯하다. 심심하면 글을 쓰는 상태가 되어 버렸으니, 잘 쓰든 못 쓰든 내 마음을 내뱉는 글쓰기 하는 것이 좋았다. 글쓰기도 습관이 될 수 있다는 걸 몸소 느끼는 것이 신기했다. 계속해서 일상들을 기록하는 것이 불가능할 것이라고 느껴졌었고, 의심했었지만, 이제 불가능이란 건 없다는 걸 깨닫게 되었다. 힘든 일이 있더라도 글로써 마음으로 다스리는 시간을 가지는 것도 참으로 감사한 일이었다. 누가 보든 상관없이, 나만을 위한, 나 자신을 위한 글쓰기. 계속해서 써 나아가야지.

글쓰기 작은 성취감으로 깊이 마음속 어딘가에 스며든 우울감이 눈에 보이지 않지만, 점점 투명하게 사라지게 만들 수 있는 치유하는 약이 되길 바란다.

6

자기 전, 나를 돌보는 방법

바쁘게 보낸 휴일. 점심. 수다. 데이트. 세탁소에 옷 맡기기. 저녁. 다이소 쇼핑. 겨울 옷정리.

하루 종일, 사소하면서도 중요하지 않은 일들로 나를 돌보지 않는 시간을 가졌지만, 잠들기 1시간 전 지금. 이 글을 씀으로써 나에게 집중하고 돌보는 시간을 가져봤다. 글로써 나를 돌본다는 건, 잊고 있던 나 자신의 깊숙한 마음에 집중한다는 것일 테니까.

오늘, 나의 마음은 어땠을까.

어제 마음은 '아…. 내일 인수인계 가기 싫은데, 어쩔 수 없지.' 하는 마음이었다. 그러나 어제의 우려와는 달리 막상 인수인계를 해주면서 열정적으로 더욱 궁금한 것들을 더욱 세세하고 꼼꼼하게 가르쳐주려고 노력하는 나를 발견했다. 그리고 가르쳐 드리면서 대화를 나누던 후임자와 첫 만남이었지만, 오랫동안 만난 인연처럼 2시간 동안 엄청난 수다를 떠들어댔다. 예전 회사에 대한 안 좋은 기억은 아직 그대로이지만, 내가 머물다간 그 자리를 완벽하게 채워줄 그녀의 존재를 알게 되었고, 인간적으로 좋은 관계를 유지할 수 있음에 너무 기분이 좋았다. 서로의 커피 취향도 알게 되었으며, 예전에 다녔던 회사들에 대한 소소한 이야기들을 서로 주고받기도 하고, 사업을 했다가 실패했던 경험담들까지 많은 주제들이 그 짧은 시간의 만남 속에서 다 이루어졌다.

그렇게 낮에 있었던 일들에 대해 정리되지 않았던 마음이 이 글을 씀으로써, 조금은 정리가 된다. 이제는 낮에 있었던 일들에 대한 내면의 마음을 들여다 보았다면, 지금의 마음을 들여다보았다.

지금의 마음은? 그나마 편한 마음이 든다. 뭔가 할 일이 많지만, 다시 하나씩 목록을 써 내려가 보려 한다. 편안함 속에서 내일 차근차근 다 해낼 수 있는 자신감이 든다. 제일 1순위 명상. 일어나자마자 명상하고, 미뤄뒀던 원고도 다시 시작하고, 질문거리들도 정리도 한다. 내일 독서 모임의 책『데미안』을 마무리로도 읽고, 나만의 방식으로 서평도 조금 써두고, 나눌 점도 적어두리라. 또한, 사랑하는 사람에게 사랑스러운 눈빛을 바라보며, 오늘도 나를 사랑해 줘서 고맙고, 건강해서 줘서 고맙다는 말을 까먹지 말고, 꼭 해주어야지.

그렇다면 오늘의 내 감정은 정확하게 어떤가? 너무 힘들어서 죽고 싶어서 했던 그 마음들은 사라졌는지, 우울한 마음들은 아직도 얼마만큼 몽글몽글하게 마음 한구석에 남아있을지 눈을 감고 내 온몸 구석구석을 지켜보면 나에게 말을 걸었다. 예전보다는 그나마 좋아진 느낌. 사랑하는 이가 나에게 사랑한다는 마음을 전달할 때도, 우울 때문에 튕겨 나갔었다. 그러나 지금은 그의 사랑을 듬뿍 흡수하고 있는 느낌이었다. 그래서 그나마 괜찮아진 느낌.

    예전과는 다르게 잠자리에 들기 전, 내 머릿속은 잿빛 구름보다는 밝은 태양이 이글거리는 듯, 오늘 나에게 있었던 모든 상황에 감사했다. 내일은 더욱더 건강하고, 편안한, 그리고 알찬 하루를 맞이하리라는 희망찬 생각을 가득 머리에 이고, 눈을 감아본다.

7

결국, 중요한 건 OOO

콧물을 너무 닦아대서 헐어있는 붉은 코, 라면은 100개 끓여 먹은 듯한 통통 부은 눈. 즉석 음식 먹지도 않았는데, 다른 걸 먹어서 그런가…. 점점 늘어나 있는 의문의 세 겹 이상의 뱃살들. 언제부턴가 아무리 노력해도 올라가지 않는 축 처진 어깨… 심리상담 수업을 듣기 위해 화면을 켰지만, 내가 마주한 건 외면하고 싶을 만큼 초췌한 나였다.

그래도 편안하게 말해보라는 교수님의 말에, 속에 묻어둔 감정들을 조심스레 꺼내기 시작했다. 단순히 회사에서 스트레스 때문일 거라 여겼던 마음 속 우울감은, 생각보다 훨씬 깊은 뿌리를 품고 있었다. 교수님은 나도 미처 인식하지 못했던 상처의 본질을 '친동생'일 것으로 짚어주셨다.

심리상담을 공부하면서 알게 된 것 중 하나는, 그 내담자의 과거. 내면의 상처는 자주 어린 시절에서 비롯된다는 것이다. 교수님의 말처럼, 인정받고 싶은 욕구가 나에겐 유난히 강했다. 그리고 그 욕구는 가장 가까워야 했을 가족 안에서조차 제대로 채워지지 못한 채 오랜 시간 방치되어 있었다.

대부분 자매끼리 세심하면서도 무심하게, 사이좋게 지내는 사람들이 많다. 하지만 그런 관계를 맺을 수 없거니와, 사실 부럽지도 않다. 동생과의 관계는 언제나 전쟁 같았다. 어린 시절엔 같은 방, 같은 이층침대에서 자며 매일 싸우기 일쑤였고, 성인이 되어서 그녀는 대구, 나는 부산에 떨어져 살게 되었기에…. 그녀와 그만 싸우는가 했다. 둘은 성격이 정반대였지만, 나름 내가 먼저 다가가 소소한 대화를 걸며 친밀하게 지내려 수없이 노력했었다. 하지만 그녀가 우리 집으로 와서 같이 살게 되면서, 얼마 가지 않아 그사이는 틀어졌다. 결국, 같은 집에 살게 되었던 시간은 갈등의 절정을 향해 달려갔고, 결국 그녀는 집을 나갔다.

"네가 무슨 언닌데? 한 살 차이에 꼰대가?"

그녀가 내뱉은 말은, 단순한 말싸움의 수준을 넘어 나를 송두리째 흔드는 모욕감으로 다가왔다. 주변 사람들, 친척들 앞에서 나에게 모욕감을 퍼부어 준 그녀를 용서할 수 없었고, 화가 치밀어 올랐던 적이 있다. 이 부분을 풀기 위해, 수많은 대화를 나눴지만, 그때 이후 나는 그녀와의 관계를 스스로 '단절'이라 명명하고 스스로를 다독이려 했지만, 내 안에 응어리는 사라지지 않았다.

정말 말도 안 되는 사소한 일이지만, 그녀와 대화를 나누다 보면 싸움이 콩알만큼 작았다가 대포를 쏘는 전쟁이 되어가는 날이 많았다. 솔

직히 진짜 식칼을 꺼내서 찌르고 싶은 마음이 굴뚝같았다. 하지만, 머릿속으로 수없이 어떻게 찌르면 좋을지 생각만 하고 끝났다.

　나는 실제로 그러지 못했다. 그럴 용기도 없었다. 머릿속으로만 뾰족하고 날카롭고, 심장을 바로 찌르기 좋은 치수의 생각의 칼이 겨냥한 곳은 결국 동생이 아니라, 나 자신이었다. 마구마구 찌르고 있었다. 수없이 100번이고, 1,000번이고 찌르고 있었다. 과연 이것 때문일까. 무의식적인 콤플렉스를 정면으로 보지 못한 나는 인생의 허무함이 느껴지는 날이 많았다. 연애하고 있지만, 더 이상 사랑에 대한 감정도 잘 모르겠고, 아파트에서 뛰어내리고 싶다는 마음들이 더욱 나를 옥죄게 하고 있었다. 결국, 더욱 우울감만 깊어져 갈 뿐이었다.

　심리상담 수업에서 교수님은 말했다 "마음이 괜찮아질 때까지, 여동생, 그리고 관련된 가족들과의 연락을 당분간 완전히 차단하세요. 그리고 오롯이 자신에게 집중하고, 내면의 목소리에 귀를 기울이도록 노력해 보세요."

　'그래, 이제는 나에게 집중하자. 그리고 내 안의 상처를 정면으로 마주해 보자.'

　수업이 끝나고, 새벽 12시. 나는 어두운 방 안, 침대에 누워 천장을 바라보며 그날의 대화를 되짚었다. 울다 지친 눈꺼풀 너머로, 한 줄기 각성 같은 생각이 스쳐갔다. 내가 인지하지 못했던 아픔의 본질을 이제야 직시할 수 있었다. 희미하지만 분명한 의지 하나가 마음속에 떠올랐다. 무엇을 할지 당장 알 수는 없어도, 작은 습관부터 다시 시작하면 조금씩 나아질 수 있을 거라는. 그 이름 모를 희망의 씨앗이 내 안에 심어지는 순간이었다. 뭘 할지 모르겠지만, 차근차근 무엇이든지 습관 하나를 시도하다 보면, 더욱 좋아질 거라는 공허하고 막연하고 보이지 않지만, '희망'이라는 두 글자로 긍정적 의지를 다졌다.

그러다 문득, 한동안 잊고 있었던 남자친구가 떠올랐다. 늘 나를 따라주고, 기다려 주고, 함께 걸어주던 그 사람. 그런데 내면의 아픔과 우울감을 잠시 묻어둔 채, 나이가 찼다고 해서 결혼을 한다면, 과연 이렇게 무너진 채로 그와의 결혼이 과연 행복할까, 싶다. 이런 상태로라면, 나도 그렇고, 상대방도 지칠 뿐이란 걸 100% 확신의 그림이 그려졌다. 그래도 언젠가 결혼할 것이기에. 하고 싶기에. 결혼이든 다른 일을 시작하든, 일단 나 자신부터 건강해야한다는 걸 다시금 깨닫게 된다. 나를 먼저 돌보고, 그를 돌보도록 해 보자.

모든 안 좋은 것들을 차단하고, 나에게 더욱 집중하는 날들을 만들어가기로 했다. 힘든 마음을 달랠 수 있는 모든 걸 다시 붙잡고 도전 해보자.

결국, 다시금 마음속에 되새긴 한 문장.
그래. 결국, 중요한 건 나 자신이야.

8

있는 그대로를 받아들이기로 했다

 돌이켜보면, 늘 현재를 외면한 채 살아왔다. 과거를 되새기거나, 머릿속으로 그려낸 찬란한 미래에만 기대어 오늘을 흘려보냈다. 이상적인 미래와 현실 사이의 간극은 깊었고, 그 괴리감은 탄식과 자책, 끝내 우울이라는 늪으로 나를 이끌었다.

 행복한 내일, 돈 걱정 없는 경제적으로 풍요로운 삶, 마음 편한 일상을 꿈꾸며 여러 가지 목표를 세웠고, 그에 걸맞는 오늘을 살아내려 애썼다. 그러나 시도하다가 멈추고, 시도하다가 멈추는 걸 반복할수록, 도달하지 못할 것 같아, 부정적인 생각의 벽 앞에서 자주 무너져 버리곤 했다. 그 벽 앞에선 무릎을 꿇고 애꿎은 바닥을 주먹으로 쾅쾅 내려칠 수밖에 없었다. 부자도 아니고, 자유롭지도 않으며, 회사에선 매일 쫓기듯 일에 치이며 삶이 싫었다. 퇴근 후에도 "달콤한 저녁 시간에 쉬면 나아질 거야"라는 희망으로 하루하루를 버텨냈지만, 미래에 대한 불안은 쉬는 동안조차 나를 놓아주지 않았다.

쌓여가는 스트레스는 결국 내 몸을 공격했다. 목, 허리, 위, 심장, 자궁까지. 어디 하나 성한 데 하나 없는 몸으로 살아가며, 종종 눈물로 밤을 지새우곤 했다. 온몸이 종합병원이었던 이유인 제일 큰 원인 1위는 역시 심리적 불안함이었겠지. 감미로운 음악에도 눈물이 났고, 그저 멍하게 노트북을 바라보면서도 이유 없이 솟구치는 감정에 몇 시간을 울기도 했으니까. 그 시기가 내 감정의 어둠이 가장 짙었던 순간이었다.

대부분 무의식적으로 불만족스러워하는 감정이 나타나는 날이면, 똑바로 마주한 적이 없었다. 괜찮은 척, 바쁜 척하며 외면했고, 몸이 아프면 더 무기력해지고, 더 움츠러들었다. 그걸 당연한 삶의 방식이라 여겼었다. 하지만 이제는 조금 알 것 같다. 내가 나를 외면하는 동안, 마음은 더 깊은 곳으로 숨어버리고, 그 회피는 방어기제로 굳어져, 내 일상 전반에 침투해 있었다는 걸.

그러던 어느 날, 독서 모임과 글쓰기, 유튜브 속 강의를 통해 문득 알게 된 것이 있다. 깊고 깊은 내 우울은 결국 '지금, 이 순간에 불만족스러워하는 마음'에서 비롯되었다는 것이다. 이 사실을 알 기전엔 지하 100층 아래에 갇힌 듯한 답답하고도 막막한 느낌이었다. 그 단순하고도 강력한 이 진실에 도달하기까지, 나는 까마득한 어두운 우주의 시간 속에서 수억 년을 헤맨 것 같았다. 그러나 이 단순한 사실을 깨닫자마자 어둠 속에서 보인 희미하고도 반짝이는 작은 불빛은 분명 새로운 나를 이끌어 주는 첫 신호였다.

일과 중에 글을 쓰는 시간이 늘어났다. 글쓰기를 하면서 내 감정을 정면으로 눈을 피하지 않고, 있는 그대로 꺼내어 바라보기 시작했다. 회피하던 마음을 조금씩 마주하는 법을 배우면서, 방어기제는 서서히 힘을 잃어갔다. 아직 완벽하게 없어지지 않았지만, 그래도 비중이 점차 줄어든다는 걸 점차 인지할 수 있었다. 하루치 계획을 이루지 못해도, 자책과 실망스러운 부정적인 감정들 대신. "괜찮아, 내일 하면 되지"라며 스스로를 다독였다. 여전히 완벽하진 않지만, 그저 애쓰고 있다는 사실 하나만으로 나는 충분히 괜찮은 사람이라고 느끼기 시작했다.

하루는 똑같이 계획에 실패한 날이 있었다. 그때도 푹 퍼진 계란후라이의 노른자처럼 유독 피곤한 날이었다. 퇴근길 버스 안에서 나도 모르게 집에 갈 때까지 스르르 눈이 감겼다가 떠졌다가 감기기를 반복했다. 그날 저녁 계획은 집에 돌아오자마자 공복 유산소 운동과 근력운동, 건강한 저녁 식사, 글을 쓰고 자는 계획이었지만, 몸은 명확하게 '쉬고 싶다'는 신호를 보내왔다. 운동 후, 폼롤러 마사지를 너무 잘 해줘서일까. 눈꺼풀이 너무 무거워지고, 정신이 몽롱해졌다. 요가 매트에 누워서 잠시 생각에 빠졌다.

'아. 정각 8시가 되기 전까지 8분의 시간이 남았으니, 8분만 자자.'

결국, 8분만 눈을 붙이자던 나는, 그대로 밤 11시까지 운동복을 입은 채로 요가매트 위에 널브러져 자는 나를 발견했다. 예전의 같았으면 '오늘도 계획 실패야. 나는 왜 이렇게 의지가 없지?' 오늘도 열심히 세운 운동 계획들을 실천하지 못하고, 그저 저녁 시간을 잠을 자는데 써버렸다. 그러고는 또 잤다. '오늘 도대체 나는 언제쯤 저녁 시간을 알차게 사용하게 될까.' 라며 스스로를 또 다시 몰아붙였겠지만, 이제는 안다.

그날의 잠도, 나를 회복시키기 위한 몸의 목소리였다는 걸.

그래서 그런 상황들이 발생할 땐, 이렇게 외치기로 했다.

"괜찮아. 오늘은 쉬는 날이었어. 내일 다시 하면 돼. 잠이 왔던 것도, 몸이 건강해지려고 나에게 주는 긍정적인 신호였어. 내가 하고자 하는 의지대로 최선을 다하되, 다 하지 못해도 있는 그대로 나를 받아들이자. A계획이 안 되면 B계획으로, 그마저도 안 되면 잠시 멈춰도 괜찮아."라고.

있는 그대로의 나를 받아들이는 연습은 여전히 진행 중이다. 하루하루가 완벽하진 않아도, 그 하루를 살아낸 내가 있기에, 나는 더 이상 나를 학대하지 않기로 했다. 감정을 외면하지 않고, 있는 그대로 들여다보며, 돌보는 데 집중하고 있다. 아직 스스로를 사랑하는 법은 잘 모르지만, 있는 그대로의 나를 인정하는 것만으로도 내 마음은 조금씩 회복되고 있고 믿는다. 모든 일에도 침착하게 대응할 힘이 길러지며, 우울의 늪에서 점차 헤어 나올 수 있는 좋은 에너지를 만들어가길.

에필로그

다시 문을 두드리다.

저는 괜찮아지고 있습니다.

3년 전보다, 약용량이 점점 줄어드는 걸 보며 작은 희망이 보이기 시작했습니다. 사실 고백하자면, 우울증 약의 핵심 약물을 제때 챙겨 먹지 못했던 날들도 있었기에, 주변에서는 효과에 의문을 가지는 시선도 있었습니다. 그럼에도 불구하고 활기를 찾으려는 노력을 계속해서 일까요? 2022년 상반기, 점심 약 3알로 시작했던 복용은 2년이 흐른 2024년 하반기에는 1알로 줄었고, 2025년에는 약을 끊고 현재는 미복용 중입니다. (미복용 할 때까지 의사선생님과 꼭 상담을 통해서 하셔야 합니다!)

그동안 저는 격정적으로 우울이라는 빗방울을 가득 머금은 폭풍우 속을 기약 없이 헤맸습니다. 며칠 내내 퇴근 후, 집에 우두커니 책상 앞에 앉아 천장을 바라보며, 일 처리를 잘 해내지 못하고, 회사 상사한테 꾸중을 들은 잔소리가 머릿속을 헤집었습니다. 침대에서든, 화장실에서든, 길에서든 어디서든 저를 괴롭혔죠. 그러다 결국 마음의 뾰족한 마음의 칼은 저 자신에 향해. 고작 눈까리가 삐었냐며, 왜 글씨를 놓쳤는지에 대한 등등 자신에 대한 비수를 꽂는 생각에 사로잡혀 살았습니다. 그렇게 날카로운 눈물을 가득 흘리다 잠자리에 들곤 했습니다. 하루는 아침이 되었는데, 회사가 가기 싫은 아침이었습니다. 침대 위에서 눈을 떴는데, 바로 옆 베란다가 눈에 보였습니다. 현관문으로 나갈 것인지. 베란다 문으로 나갈 것인지. 어떤 선택을 할지에 대한 고민을 하는 때가 많이 있었습니다. 그렇게 저만의 우울 폭풍우 속 헤매는 기간이 참 길었습니다.

우울이라는 어두운 숲에서 길을 잃어 헤매던 나날들, 무기력이라는 바다에 빠져 허우적거리던 순간들, 그 모든 기억들은 이제 저의 일부가 되었습니다. 지워버리고 싶은 상처였지만, 결국 그 고통이 있었기에 저는 지금의 저 자신으로 살아 있습니다. 당신도 그러하리라 믿습니다.

글 한 꼭지 한 꼭지를 쓸 때마다, 저는 수없이 멈추고, 주저앉고, 다시 일어섰습니다. 어떤 날은 눈물이 펜 끝에 묻어 글자가 번졌고, 또 어떤 날은 스스로를 다독이며 겨우 한 줄을 써 내려갔습니다. 그 모든 기록이 쌓여, 결국 한 권의 책이 되었고, 독자님의 손에 닿게 되었습니다.

우울은 단순히 슬픔이 아닙니다. 살아가는 힘을 갉아먹는 침묵의 병이자, 스스로를 향한 비난과 무가치함의 소용돌이입니다. 그러나 동시에, 우울은 내면 깊은 곳의 목소리를 들을 수 있는 기회이기도 합니다. 그 고요한 속삭임에 귀 기울이고, 조금씩 저 자신을 안아주기 시작했을 때, 저는 처음으로 회복이라는 가능성을 품게 되었습니다.

회복은 단숨에 오지 않았습니다. 매일의 글쓰기, 마음을 진정시키는 명상, 작은 산책, 사랑하는 이의 따뜻한 눈빛, 나를 위한 따뜻한 요리, 그리고 저 자신을 향한 조용한 응원이 모여, 조금씩 마음의 파문을 잔잔하게 만들었습니다. 그렇게, 회복이라는 바다 위에 작은 배를 띄웠습니다. 아직 파도는 거세지만, 조금씩 꾸준히 앞으로 나아가고 있습니다. 모든 사람들이 꼭 한 방향을 가는 건 아닙니다. 90도로 가기도 하고, 잠시 멈춰서 가기도 하는 저만의 속도와 방향대로 나아가기로 결정 했고, 나아가는 중입니다.

죽지 말고, 같이 살아가자며 사랑하는 사람의 말에 더 힘내보기로 했습니다. 주위에 좋은 분들이 있어 다행이었습니다, 헤매던 길을 다시 잘 붙잡고, 나아가고 싶었습니다. 지푸라기라도 잡는 심정으로 다시 하나씩 하나씩 하고자 하는 의욕을 가질 수 있어서, 참 감사합니다. 한 가지에 집중 못 하더라도, 마음공부, 운동, 글쓰기 이 3가지만큼 꼭 하려 했습니다. 꾸준히 하지 못했습니다. 그렇지만 쓰려져도, 다시 붙잡고 응원의 지팡이 들고 일어서서 3년 이상의 시간을 함께했습니다.

인생 나이 계산법(최대 80세)으로 보았을 때, 고작 30대는 9시에 불과했습니다. 너무 낭비했다고 생각했던 2년의 20대 후반은 고작 아침 8시에서 9시 사이쯤 출근 시간 정도를 허비한 셈이었습니다. 그래서 낭비한 시간이라고도 생각하지 않기로 정했습니다. 그리고, 앞으로 아침 9시(30대)부터 24시(80살)까지의 시간 속에서 잘 지내기로 다짐했습니다. 100세 시대이니, 9시보다 빠를 수 있을지도 모르겠네요. 이렇게 긍정적으로 생각하니, 마음이 더 편안해지는 느낌입니다.

또한 긍정적인 생각들로 부정적인 생각들을 밀어내는 중입니다. 항상 모든 상황에 감사하며, 긍정적인 마인드를 가지려고 노력하고 있습니다. 조금씩 우울의 폭풍우 속에서 유연하고, 강인한 힘을 길러 나가며 벗어나고 있습니다. 사람의 감정이 항상 즐거울 수만은 없겠지만, 그렇다고 항상 우울한 건 정상은 아니겠죠. 그래서 우울이라는 감정이 찾아올 때, '아, 한차례 우울의 파도가 밀려왔구나.'라고 생각하고 인정하고 나아가기로 했습니다.

약 3년 동안에 써놨던 400페이지 이상의 글을 보고, 여러 가지 감정들이 몰아치곤 했었습니다. 침울, 격노, 분노, 슬픔, 아픔, 감사, 행복, 깨달음 등등의 감정들. 이런 감정들을 모아 고르는 작업이 정말 쉽지는 않았습니다.

'제 글을 읽은 사람 중 한 명에게라도 긍정 자극과 희망 어린 씨앗을 품어 줄 수 있다면….' 이라는 마음을 품고, 원고 작업을 놓지 않고 느리더라도 최선을 다해서 만들었습니다.

세상에는 다양한 이유로 죽고 싶어 하는 사람들이 있습니다. 그분들이 죽고 싶지만, 다시 살고 싶어지는 마음을 느낄 수 있었으면 합니다. 이 책 내용의 한 부분에서라도 살고 싶어지는 희망의 한 줄기를 가져갈 수 있었으면 좋겠습니다. 그분들이 살고 싶어지는 마음을 느끼는 만큼, 저도 더 살아내고 싶어질 것 같습니다. 같은 시간을 지나고 있는 누군가에게, 혹은 이제 막 터널의 입구 앞에 선 누군가에게 이 작은 이야기들이 따뜻한 불빛이 되었기를 바랍니다.

타인을 위해서, 그리고 저 자신을 위해서 시작한 이 책을 만드는 일. 너무나도 값진 일을 해낸 것에 감사하고, 또 감사합니다. 모든 분의 삶에 강인하고, 밝게 빛나는 무지개가 피어나길 소망합니다.

변지혜 올림

죽고 싶다가도 다시 살고 싶어지는

ENFP 우울증 치료 도전기

인쇄일	2025년 9월 20일
발행일	2025년 9월 22일
저 자	변지혜
발행처	뱅크북
신고번호	제2017-000055호
주 소	서울시 금천구 가산동 시흥대로 123 다길
전 화	(02) 866-9410
팩 스	(02) 855-9411
이메일	san2315@naver.com

* 지적 재산권 보호법에 따라 무단복제복사 엄금함.
* 책값과 바코드는 표지 뒷면에 있습니다.

ⓒ 변지혜, 2025, Printed in Korea